AF330282

SIMPLE HISTOIRE

DE

COLONISATION

EN COCHINCHINE

RAPPORT

PRÉSENTÉ PAR LES GÉRANTS AUX COMMANDITAIRES

DE LA SOCIÉTÉ DE CULTURE ET D'IRRIGATION EN COCHINCHINE

PARIS

IMPRIMERIE ADMINISTRATIVE DE PAUL DUPONT,

RUE JEAN-JACQUES-ROUSSEAU, 41.

—

1871

SIMPLE HISTOIRE

DE

COLONISATION

EN COCHINCHINE

Un officier de marine, appelé à servir en Cochinchine, avait profité d'un séjour de trois ans dans ce pays pour étudier ses cultures et les mœurs de ses habitants. Rentré en France en 1865, il conçut le projet de créer dans l'intérieur de cette colonie un grand établissement agricole ; il sollicita à cet effet un congé qui lui fut accordé, s'adjoignit un autre officier qui obtint la même faveur, et monta une Société en commandite, sous la raison sociale TAILLEFER ET Cⁱᵉ, ayant pour but la remise en culture de rizières domaniales. Le capital social, d'abord fixé à 250,000 francs, fut par un acte postérieur porté à 300,000, avec faculté pour les gérants de s'occuper d'opérations commerciales.

La Société se proposait au début de faire deux récoltes annuelles sur ses domaines, au moyen d'irrigations artificielles ; cette idée était bonne et praticable, mais les gérants durent l'abandonner momentanément à cause de l'apathie de l'indigène, qui, sa nourriture assurée, ne veut plus travailler, et se contente de se laisser vivre.

Au mois d'octobre 1866, les gérants débarquèrent à Saïgon avec cinq ouvriers français de professions diverses et des crédits importants. Ils avaient déjà expédié de Bordeaux par des navires à voiles un matériel considérable en machines à vapeur, pompes, machines agricoles, maisons en bois démontées et outils divers. Le directeur de l'Intérieur, informé depuis longtemps de leur projet d'établissement dans l'île de Cu lao Nâm Thôn, les autorisa immédiatement à commencer leurs travaux d'installation.

En allant s'établir dans l'intérieur du pays, loin de toute protection, à une époque où les insurrections étaient fréquentes, et où la conquête n'était pas terminée, les gérants voulaient prouver qu'avec de la sagesse et de la prudence on pouvait vivre avec sécurité au milieu des populations annamites. Néanmoins leur résolution était taxée de folie, et diverses tentatives furent faites pour les dissuader de leur projet.

D'après les documents officiels annamites, il y avait à Cu lao Nâm Thôn, peu de temps avant l'invasion française, 2,500 âmes, réparties dans cinq villages riches et prospères. Une lisière de palétuviers couvrait uniformément les berges ; derrière ce rideau, à quelques mètres du fleuve, s'étendaient des plantations importantes d'aréquiers, de cocotiers et d'autres arbres à fruits. — Les fermes, bâties à la limite des vergers et des rizières, étaient situées à peu de distance les unes des autres et reliées entre elles par des chemins soigneusement entretenus ; la grande route de My-tho à Vinh-long coupait l'île vers la moitié de sa longueur. Huit canaux principaux où pouvaient circuler à mer haute des jonques d'un tonnage moyen donnaient naissance à une foule de dérivations secondaires, de telle sorte que les habitants jouissaient de facilités exceptionnelles pour enlever leurs denrées et les transporter sur les grands marchés voisins.

La conquête française porta un coup funeste à la prospérité de Nâm Thôn. Les Annamites qui l'habitaient, compromis dans diverses insurrections, furent contraints de l'abandonner vers le milieu de 1859. Six mois avant notre arrivée, quelques-uns d'entre eux, profitant d'un moment de tranquillité relative, adressèrent à l'inspecteur de My-tho une pétition, pour qu'il leur fût permis de revenir cultiver quelques terres dans les différents villages où ils avaient résidé autrefois. Cette pétition fut approuvée, et, comme il résulte d'un rapport de l'inspecteur que nous avons entre les mains, le nombre total des nouveaux venus s'éleva à quatre-vingts personnes, hommes, femmes et enfants.

Une opération cadastrale, faite au moment de notre arrivée par ordre de l'administration, constata que les terres remises en culture par ces anciens habitants de Nâm Thôn mesuraient 36 hectares, tant rizières que jardins d'aréquiers et de cocotiers. Des titres français de propriété furent remis à ces Annamites qui, consultés par l'inspecteur, en notre présence, se montrèrent disposés à nous céder leurs parcelles à des prix variant entre 70 et 80 francs l'hectare. Comme l'indigène est très-défiant, nous craignîmes, si nous acceptions ces offres, de voir ces colons abandonner l'île de nouveau, et comme leur dispersion sur Nâm Thôn se prêtait admirablement à la création de presque autant de centres de culture qu'il y avait de chefs de famille, nous leur fîmes faire, par l'inspecteur qui voulut bien nous servir d'interprète, les propositions suivantes :

1° Il sera créé sur Nàm Thòn cinq centres principaux de culture, qui jusqu'à nouvel avis comprendront les anciennes limites territoriales des villages;

2° Les habitants de chaque groupe recruteront, sous leur responsabilité, de nouvelles familles qu'ils nous présenteront;

3° Nous fournirons à chaque groupe des buffles, des instruments aratoires et des avances en argent et en nature, proportionnellement au nombre de travailleurs nouvellement amenés sur l'île;

4° Pour la première année, il nous sera restitué à la récolte autant de mesures de paddy de quarante litres que nous aurons fourni de francs;

5° Les années suivantes, nous déterminerons le prix des fermages à tant de mesures de paddy par hectare cultivé en rizières, suivant la coutume locale;

6° Les fermiers remettront en exploitation les anciennes plantations de cocotiers et d'aréquiers. Ils en feront de nouvelles, et pendant trois années il ne leur sera demandé pour ces cultures aucune redevance;

7° Chaque groupe nous fournira un homme de confiance, qui résidera toujours auprès de nous, et veillera la nuit pour éviter les vols et les surprises des pirates. Nous donnerons à ce coolie 50 centimes par jour; s'il vient à s'absenter, le groupe qu'il représente nous en amènera immédiatement un autre, sous peine de dommages-intérêts fixés à une mesure de paddy par jour d'absence;

8° Nos fermiers s'engagent à nous obéir en tout ce qui ne sera pas contraire à la justice, aux mœurs et aux usages du pays.

Ces contrats furent acceptés avec empressement par les habitants. Ils étaient, nous le croyons encore du moins, sages et appropriés aux besoins des contractants; surtout

.à l'époque, toute d'effervescence, où ils furent souscrits pour la première fois.

Ainsi nous parlons de nous obéir en tant que ce que nous commanderons sera juste et non contraire aux lois et aux usages du pays ! Mais cette clause qu'on nous a tant reprochée, on pouvait la négliger ; elle se trouve implicitement dans tout contrat entre un maître et ses employés, entre un propriétaire et ses domestiques.

La clause qui demande un coolie comme gardien de magasin est toute naturelle et s'explique d'elle-même. Les anciens habitants devenus nos chefs de ferme choisissaient mieux que nous leurs serviteurs, connaissaient leurs familles ; au contraire, ceux qui nous entouraient comme engagés à l'année venaient on ne sait d'où ; car lorsqu'on veut peupler un désert, on ne peut pas se montrer trop difficile. C'étaient le plus souvent des individus compromis comme pirates ou rebelles et n'inspirant nulle confiance. Dans ces conditions, quoi de plus naturel que d'exiger, par une clause du contrat, un homme fourni par chaque agglomération et offrant ainsi quelques garanties, puisqu'il avait des répondants ?

En étudiant ces contrats, on verra qu'il n'y a pas une clause arbitraire, par une clause qui ne soit bienveillante. Plus tard, quand la population s'est accrue convenablement, nous avons ajouté pour chaque groupe l'obligation d'établir des chemins, ce qui a été assez facile, puisqu'il n'y avait qu'à rechercher et à remettre en état ceux qui avaient existé autrefois ; et enfin leur entretien a été l'objet de dispositions spéciales. Ainsi nous avons exigé une largeur déterminée, nous avons voulu également que les chemins soient complantés d'arbres que nous tirions de nos pépinières ; mais encore une fois, ce sont des clauses que les Annamites ont toujours accepté sans peine ; c'était leur intérêt aussi bien et mieux que le nôtre d'avoir de jolis sentiers, bien ombragés, sur lesquels ils pussent circuler sans être dans l'eau jusqu'à la ceinture, ou sans être enlevés par des tigres.

Enfin, il y a deux ans, quand nos opérations commerciales ont pris un certain développement, et que nous avons dû avoir à la fois quatre-vingts ou cent coolies hors de l'île pour le service de nos comptoirs, nous nous sommes réservé d'appeler, après les grands travaux de rizières, un certain nombre d'hommes des groupes de fermiers, pour nous aider dans nos diverses industries. Jamais, pour cette clause, aucune réclamation ne nous a été faite ; nous donnions aux coolies ainsi appelés 60 centimes ou 1 franc, suivant qu'ils restaient auprès de nous ou étaient envoyés hors de l'île, et ceux qui connaissent l'intérieur de la Cochinchine savent seuls combien ces rétributions étaient et sont élevées aujourd'hui encore !

Nous insistons sur ces contrats, parce qu'ils ont donné à ceux qui ne les connaissaient pas prétexte à mille accusations contre nous, et l'administration elle-même a prétendu que nous avions créé ainsi l'esclavage déguisé, et même que nous avions rétabli l'esclavage !

Après nous être assuré le concours d'un nombre suffisant de cultivateurs indigènes, nous demandâmes à l'administration la concession de la partie de l'île la plus facile à remettre en bon état d'exploitation, et nous fixâmes comme limite est le méridien passant par le marché de Ca-Cong situé sur la grande terre.

En même temps nous offrions de traiter pour les terres situées à l'est du même méridien ; mais comme ces terres sont noyées et incultivables, et que nous ne désirions les acquérir que pour rester propriétaires incontestés de l'île, à l'exception des 36 hectares déjà cédés aux habitants, nous proposions une réduction de prix. On ne voulut pas nous accorder cette réduction. Il fut alors question de nous louer ces terres ; nous trouvâmes encore le prix trop élevé, et nous abandonnâmes notre projet.

Ainsi, il est bien entendu que nous avons, dès le principe, voulu être seuls propriétaires de l'île, et que l'administration n'a pu le comprendre autrement. Les pièces à l'appui ne pourront laisser le moindre doute dans l'esprit de personne.

Par ordre de la direction de l'Intérieur, l'inspecteur fit afficher pendant trois mois dans notre arrondissement que nous nous présentions comme acquéreurs de Nâm Thôn, et que pendant ces trois mois les anciens propriétaires avaient le droit de faire valoir leurs titres et de revendiquer leurs terres.

Ces trois mois écoulés, le gouvernement colonial nous fit attendre trois mois encore la remise de notre titre de propriété. A cette époque, une certaine hostilité existait déjà contre nous dans les bureaux, et notre premier inspecteur, dont nous n'avons jamais eu qu'à nous louer, ayant demandé à ses chefs quelle protection il devait nous accorder, reçut du secrétaire général les instructions suivantes, dont nous pûmes prendre copie, puisqu'elles nous furent officiellement communiquées :

« Consultez toujours la direction de l'Intérieur avant de prendre quelle mesure que ce soit concernant *ces messieurs* de Cu lao Nâm Thôn, et dans les cas d'urgence agissez avec eux comme vous agiriez avec un nombre quelconque de vos administrés annamites ou chinois. »

Ainsi, dès le début nous étions assimilés aux vagabonds chinois et aux annamites de basse classe !

Le titre qui nous fut remis indiquait un lot de 300 hectares *environ*, se composant de *tous* les terrains libres situés à l'ouest du méridien passant par le marché de

Titre de propriété.

Ca-Cong. De plus, l'administration fixait comme impôt une *rente perpétuelle* de 3,180 francs, et comme prix d'achat, 4,500 francs, enregistrement compris.

En ce moment on cadastre la propriété ; mais nous croyons que nos droits ne peuvent être contestés, quelle que soit la superficie qui sera trouvée ; tous les terrains libres, c'est-à-dire *tout*, sauf les 36 hectares possédés individuellement par les anciens habitants, nous appartiennent logiquement.

L'ile s'appelle *Ile des Cinq-Villages ;* mais il résulte évidemment de ce que nous venons d'établir que ces cinq villages ne sont plus habités que par nos fermiers et leurs coolies, et que si les délimitations par village existent toujours au *point de vue territorial*, ces villages ne peuvent avoir de communaux et sont notre propriété particulière, moins toujours les 36 hectares possédés individuellement par les anciens habitants porteurs de titres français semblables à notre propre titre.

En même temps que nous demandions la concession de la partie libre de Cu lao Nâm Thôn, nous proposions au gouvernement de nous vendre un autre lot de rizières domaniales, situées dans les environs de Tan-an. L'instruction de cette affaire fut poussée plus activement que celle concernant Nâm-Thôn. Au bout de trois mois nous étions mis en possession, et nous en sommes encore à ne pas comprendre comment il se fait que jamais nous n'ayons été inquiétés pour ce domaine. A la vérité, c'est un Annamite qui le gère, et à cause de nos occupations nombreuses, nous ne pouvons aller le visiter que très-rarement ; d'ailleurs, et nous sommes heureux de le dire, il est en pleine prospérité.

Cependant, comme, d'après nos statuts, nous avions le

droit d'acquérir pour 30,000 francs de rizières domaniales, et que le quart seul de cette somme se trouvait immobilisé, nous nous décidâmes, après plusieurs voyages trèspénibles dans l'intérieur, en quête de terrains abandonnés, à faire de nouvelles démarches auprès de plusieurs administrateurs pour obtenir la mise à l'étude de divers projets de concessions. Nous fûmes toujours éconduits après de longues attentes, et nous crûmes nous apercevoir qu'il y avait parti pris de ne plus s'occuper de nos affaires.

Nous eûmes alors l'idée de nous borner à des acquisitions faites de gré à gré aux propriétaires indigènes. Ici, nous fûmes arrêtés par une difficulté insurmontable. La direction de l'Intérieur ne reconnaissait pas alors, et elle ne reconnaît pas davantage aujourd'hui, aux propriétaires indigènes la nue propriété du sol ; ils ne sont à ses yeux que de simples usufruitiers. Cette opinion n'a aucune importance pour les transactions entre indigènes, qui font comme si la direction de l'Intérieur n'existait pas ; mais pour les Européens, c'est autre chose ! Introduire l'élément européen dans la commune annamite n'est pas, d'ailleurs, le rêve caressé par l'administration de notre colonie de Cochinchine ; et qu'elle nous permette de lui dire qu'en cela elle est moins libérale que l'ancien gouvernement militaire algérien, qui laissait parfois les deux éléments, indigène et étranger, se fondre en territoire civil, dans une même agglomération.

Opinion de la direction sur la propriété indigène.

Nous avons déjà dit que nous aurions pu acquérir les 36 hectares possédés par les Annamites établis sur Nâm Thôn. Quand nous trouvions étrange une législation qui permettait à notre Société d'acquérir sur Nâm Thôn, tandis qu'à deux cents mètres de là, de l'autre côté du fleuve, une barrière infranchissable se dressait devant elle, on nous répliquait : « Mais nous avons donné des titres français sur Nâm Thôn. » Eh bien, faites ainsi partout, et permettez à l'initiative individuelle de se donner libre carrière ! Naturellement on ne nous répondait pas.

Disposant d'un fort capital improductif et devant naturellement couvrir des frais généraux élevés, nous n'avions pas le droit de nous endormir, et ne pouvant attendre le bon plaisir administratif pour employer nos fonds dans de nouvelles exploitations agricoles, forcés de renoncer aux irrigations artificielles, comme nous l'avons déjà expliqué, nous eûmes l'idée d'établir, avec nos machines à vapeur, une usine à décortiquer le paddy.

Nous fîmes alors ce que tous les grands propriétaires annamites et ce que tous les commerçants chinois font dans l'intérieur. Pour nous assurer la matière première, indipensable à la marche régulière de notre usine, nous achetâmes le paddy sur pied (prêts sur récoltes pendantes). Ces prêts étaient conclus dans de bonnes conditions pour les Annamites : ainsi le prix de la mesure dans l'intérieur fut, en 1867, au moment de la récolte, de 1 fr. 40; trois mois avant nous avions acheté 1 fr. 20 à 1 fr. 30, et nous versions les fonds immédiatement; après la récolte, le vendeur devait nous livrer le paddy.

Nous fîmes aussi des prêts en argent, à intérêt élevé, selon l'usage du pays. En Cochinchine, pour ces transactions, la convention fait la loi des parties; et pour ne citer qu'un exemple, une paire de buffles, estimée cent mesures de paddy, se loue aisément, pendant les six mois où ces animaux sont utilisés aux travaux des rizières, soixante mesures; et, s'ils viennent à mourir, le propriétaire a recours sur le loueur. A cette époque aussi, à Saïgon, les affaires étaient belles, l'argent rare et le taux élevé (3 0/0 par mois, sur première hypothèque).

Nous cessâmes ce genre d'opérations, après huit mois d'essais. Les Annamites, après avoir payé, pour la plupart, leurs intérêts mensuels, disparaissaient peu à peu, puis se jouaient de nous, niaient leurs dettes, et nous ne recevions pas de nos juges directs la protection que nous avions dû en espérer.

Le mot d'ordre était alors de ne pas mécontenter les Annamites; ces bons Annamites, ces pauvres Annamites, comme disaient MM. les inspecteurs.

M. le directeur de l'Intérieur nous donna alors de bons et utiles conseils, dont nous lui fûmes très-reconnaissants : « Ne prêtez pas, disait-il, vous n'aurez pas d'embarras pour recouvrer. » Pourtant nous n'aurions pas trouvé mauvais qu'il prît des mesures énergiques pour assurer dans l'intérieur l'observation des contrats entre indigènes et Européens. De cette manière, nous n'aurions pas été obligés d'abandonner un genre de transactions qui réussit à tous les Asiatiques dans la colonie, et notre opération, basée sur l'habitude et les usages du pays, aurait abouti.

Mais non ! A cette époque, l'Européen était déjà une gêne pour l'administration dans l'intérieur, et le secrétaire général ne craignait pas de nous dire et de nous écrire « qu'il ne tenait nullement à avoir des colons, et que la colonie marcherait bien sans cela. »

Il nous fallut donc abandonner notre nouveau plan, et, depuis cette époque, nous cherchons à rentrer dans nos fonds sans avoir pu y réussir.

Nous avons ainsi 30,000 francs en souffrance, et on ne peut pas nous accuser de négliger ces intérêts, puisque nous nous adressons respectueusement à chaque nouvel inspecteur que la direction envoie dans notre arrondissement, pour le prier de terminer cette liquidation. La besogne était lourde, d'autant plus lourde que, parfois, nous avions été trompés et qu'il fallait faire des recherches difficiles, exigeant de l'application et de la bonne volonté chez les juges. Chaque inspecteur cherchait à l'éviter, ce qui fait que nous en sommes presque au même point, après quatre ans de démarches. De plus, nous avions été rangés à l'état d'êtres gênants dont on était obligé de s'occuper ; et chaque inspecteur, en rendant le service à son successeur, ne manquait pas de l'avertir qu'il y avait des Européens dans l'arrondissement et que ces Européens lui susciteraient naturellement des embarras. C'est alors qu'on inventa, pour nous perdre, que nous avions trop d'influence dans l'intérieur, et que nous portions ombrage aux inspecteurs.

<table>
<tr><td style="width:18%; vertical-align:top; font-size:smaller">Autres causes de conflit entre les inspecteurs et la Société.</td><td>

Il y avait d'ailleurs d'autres causes de conflits entre les inspecteurs et notre Société ; nous ne voulons parler que de la principale, pour permettre de juger si, oui ou non, nous ne subissions pas les conséquences d'une situation que nous ne pouvions pas modifier.

Nous étions les premiers colons installés au cœur de la colonie ; nous avions des titres français, et, après avoir acquitté notre impôt, nous soutenions être libérés envers l'État, et nous prétendions avoir droit à la protection accor-dée par la loi pour la garantie des personnes et des propriétés.

Le propriétaire annamite ne saurait exiger de tels avantages, parce que son individualité est forcément absorbée dans l'agglomération où il a ses intérêts et sa résidence. Nous ne blâmons pas ce système qui a sa raison d'être, dans une contrée où un seul Européen régit les destinées de cinquante ou soixante mille individus ; cependant il donne lieu à bien des abus et à des vexations nombreuses. Toutes les fois que dans un service public un inspecteur a des changements à apporter, il lance des ordres de réquisition aux villages de son arrondissement ; le nôtre n'agissait pas autrement que ses collègues, et, pour des

</td></tr>
</table>

motifs plus ou moins plausibles, nous étions fréquemment entravés dans nos travaux, ou frappés dans nos droits de propriétaires fonciers :

« Traitez les Annamites comme vous l'entendrez, » avons-nous écrit cinquante fois en substance à nos inspecteurs, mais nous possédons au titre français, vous n'avez pas le droit de réquisitionner en nature sur notre domaine, tant que des circonstances exceptionnelles et prévues par les lois et que rien ne pourrait justifier en ce moment, ne vous y obligeront. » Parfois les inspecteurs cédaient devant nos observations, souvent ils n'en tenaient nul compte ; et de là des plaintes continuelles de notre part.

Nous ne citerons que quelques faits pour montrer jusqu'où peuvent aller ces ordres et ces réquisitions.

Hâtons-nous d'ajouter que, dans bien des circonstances, les inspecteurs eux-mêmes les ignorent ; leurs interprètes et leurs secrétaires indigènes, recrutés un peu au hasard, abusent du cachet de leur chef direct pour piller les pauvres Annamites qui ne peuvent pas, qui n'osent pas désobéir.

Dans le courant de 1869, nos fermiers reçurent l'ordre suivant, émané de l'inspection, et orné du fameux cachet rouge devant lequel tout indigène se prosterne tremblant :

« Chacun des villages de Nâm Thôn apportera demain à l'inspection un coq de combat. »

Quel moyen commode dans un arrondissement qui compte soixante communes de remonter, à peu de frais, la basse-cour de MM. les lettrés de l'inspecteur, encore plus passionnés que les autres indigènes pour les combats de coq !

Une autre fois le gouverneur veut convoquer une assemblée d'hommes du peuple dans chaque arrondissement, pour qu'ils exposent leurs besoins et leurs vœux.

Nos fermiers sont ainsi avisés des dispositions bienveillantes du gouverneur de la colonie :

« Chacun des villages de Nâm Thôn construira immédiatement une église pour les besoins du culte catholique. »

Nos gens arrivent aussitôt. Vous nous avez promis de respecter nos mœurs, nos coutumes, notre religion..... Nous ne voulons pas bâtir d'église, nous préférons fuir ailleurs. « Plaignez-vous à l'inspecteur qui recherchera le coupable et ne manquera pas de le punir..... »

Nous en passons et des meilleurs ; nous en avons dit assez pour être compris.

Nous ajouterons que les inspecteurs se succèdent avec une telle rapidité dans les arrondissements, qu'ils ne connaissent généralement pas leurs administrés quand ils les quittent. Si nous avions eu moins de changements, peut-être nos inspecteurs, quelque mal disposés qu'ils eussent été à notre égard à l'avance, auraient changé d'opinion ; mais les mutations étaient si promptes, qu'à peine étaient-ils arrivés, nous faisions auprès d'eux les démarches nécessaires pour le règlement de nos affaires litigieuses qu'ils entamaient à contre cœur, et qu'ils n'avaient pas le temps de terminer.

Renonçant aux prêts sur récoltes pendantes, la Société, à partir de ce moment, s'occupa :

1° De poursuivre le remboursement de ses créances ;

2° D'attirer de nouveaux colons sur ses propriétés ;

3° D'étendre ses plantations de mûriers, cocotiers, aréquiers, cannes à sucre..... ;

4° Du défrichement de nouvelles rizières ;

5° De l'établissement d'une magnanerie ;

6° De la construction d'étuves à étouffer les cocons, tout en profitant de la position centrale de son établissement, pour y attirer les sériciculteurs indigènes du Kien-dang et les produits de leur industrie ;

7° De la création d'un atelier de devidage de soie et d'une filature de cocons ;

8° De la fabrication de copras (cocos décortiqués et séchés à l'étuve, employés par les fabricants de savon) ;

9° De la création de quatre comptoirs dans des marchés voisins du fleuve postérieur, où le riz est abondant et relativement à bas prix ;

10° D'opérer ces achats, comme le font les Chinois, par des échanges de cotonnades ;

11° D'établir sur Nâm Thôn un dépôt considérable de ces tissus.

Les diverses opérations nouvelles tentées par la Société étant connues, nous allons essayer de démontrer par les simples faits combien ses efforts ont été entravés.

Pour cultiver il faut des travailleurs ; nous fîmes comme les propriétaires annamites des contrats à l'année avec les indigènes qui nous offraient leurs services. Bien souvent on nous a dit, quand nous demandions justice contre un engagé déserteur, qu'on ne pouvait admettre comme légal un contrat tendant à rétablir l'esclavage. Nous invoquions en vain les articles 1780 et 1142 du code. Si un engagé voulait rompre son contrat, il devait au moins le remboursement des avances reçues et des dommages-intérêts.

Du reste, pour prouver que nous ne gérions pas avec légèreté les intérêts qui nous étaient confiés, nous allons dire un mot des engagés et des contrats.

Un séjour de deux années au milieu des indigènes nous avait créé des relations étendues, nous parlions la langue annamite, non pas dans toute sa pureté, mais assez pour nous passer d'interprètes ; nous disposions d'une quarantaine d'hommes qui nous servaient avec dévouement, parce que nous les faisions vivre ; — nous dîmes à ces hommes : Vous êtes habitués à nous, vous savez quels maîtres nous sommes, cherchez dans vos parents et vos connaissances d'autres travailleurs qui viendront s'établir près de nous avec leurs familles ; deux d'entre vous se porteront garants pour chacun des nouveaux venus.

Nos premiers coolies trouvaient dans ces dispositions leur avantage, puisqu'ils devaient prélever, selon l'usage, une certaine somme sur la solde de ceux de leurs compatriotes dont ils seraient les répondants.

Notre personnel fut ainsi doublé très-rapidement.

Voici quelles étaient les clauses de nos contrats :

(Le nommé un tel s'engage à servir pendant une année commençant le... et finissant le... la Société de culture.

La Société lui concède :

1° La jouissance de l'emplacement nécessaire pour bâtir une case, et un terrain y attenant devant servir de jardin ;

2° Le droit de couper sur la propriété le bois nécessaire pour construire sa case ;

3° Elle lui avancera 30 francs, dès que son installation sera terminée et qu'il aura amené sa famille sur l'île ;

4° Pour chaque journée de travail, commençant à six heures, finissant à onze heures du matin, et continuant de deux heures de l'après-midi jusqu'à six heures du soir, l'engagé recevra 60 centimes ;

5° Dès que l'engagé sera employé dans les jonques, il aura 1 franc par jour ;

6° Suivant ses aptitudes, l'engagé sera employé au travail de la terre, à la magnanerie, à la filature, à la fabrique de copras, à la rizerie, à l'étuvage des cocons... ou dans les barques ;

7° Il devra assister aux appels journaliers, sauf le cas de maladie ; il veillera la nuit quand son tour l'y appellera, et au poste qui lui sera désigné ;

8° Il obéira aux surveillants établis par la Société ;

9° Il aura droit aux médicaments, et conservera la faculté de se faire soigner à sa guise.)

Ce contrat écrit en annamite et revêtu du cachet de la Société était signé des contractants et des répondants, et laissé entre nos mains.

Et maintenant, est-il nécessaire d'ajouter que si nous louons cent domestiques ou coolies, c'est que nous croyons que ce nombre est nécessaire à nos divers travaux ; — quand, au bout de quelques mois d'engagement, ces travailleurs nous quittent, n'est-il pas évident que nos intérêts en souffrent, qu'ils nous causent un dommage qu'ils sont tenus de réparer?

Du reste, pendant fort longtemps nous n'avons eu que quelques désertions partielles, et dans la plupart des cas, les répondants ont pris à leur compte les dettes des déserteurs.

Il est donc incontestable que si la désertion en masse n'avait pas été encouragée chez nous par des mesures administratives, nous aurions pu continuer comme les propriétaires indigènes à cultiver nos terres, tout en subissant quelquefois des désertions isolées. Pourtant, dans ces circonstances, assez rares toutefois, notre devoir nous imposait de faire rechercher le coolie qui avait rompu son engagement.

Nous adressions alors à notre inspecteur une plainte qui restait stérile. Comme nous connaissions le village où avait dû se retirer l'homme qui nous avait quittés, nous lui faisions écrire en annamite de revenir à son travail, nous accompagnions cette lettre d'une légende française, et nous y apposions le cachet de notre Société. Nos inspecteurs trouvaient cette mesure illégale et arbitraire, et appelaient ces lettres « *des ordres d'arrestation.* »

Comme nous l'avons dit, nous avions malheureusement

des débiteurs que nous faisions rechercher, et que nous invitions par lettre à venir nous payer, en les menaçant, s'ils ne se rendaient pas à cette invitation, de porter plainte à l'inspecteur ; encore des « *ordres d'arrestation.* »

Pourtant, quoi de plus légal, de plus inoffensif que d'écrire à ses domestiques, à ses débiteurs, à ses fermiers pour les inviter à venir régler des questions d'intérêt !

Exposé de quelques autres griefs.

Si nous nous adressions à un inspecteur pour faire rentrer une créance en souffrance, on gardait nos titres dans un tiroir, ou ailleurs ; on les y oubliait pendant une dizaine de mois, en disant qu'on avait pour le moment des blockaus, des maisons, à construire, des inspections à passer, une comptabilité en retard, et que quand on aurait terminé ces différents travaux, on s'occuperait de nos affaires. Puis, pendant ce temps, cet inspecteur provoquait des plaintes contre nous. Ah ! disait-il, on m'a fait faire quinze mois de stage, l'administration m'a cru incapable, eh bien ! je suis heureux de trouver l'occasion de prouver mon intelligence en tirant au clair les affaires de Nâm Thôn ; et là-dessus il lançait cette malheureuse affaire, qui devait aboutir à l'enquête.

Un autre inspecteur nous écrivait : « Vous m'aviez, il est vrai, confié des créances à faire recouvrer, mais je les ai perdues ! »

Un autre disait qu'il ne s'occuperait jamais de nos affaires.

Un autre juge, qui est notre juge actuel, nous écrivait, il y a trois ans, de Chaudoc où il était inspecteur, que le taux spécifié sur notre billet ne lui convenait pas, et nous renvoyait notre billet en refusant de juger et de faire rentrer l'argent.

Dernièrement nous envoyons à Vinh-long une créance à recouvrer en donnant toutes les indications pour trouver le débiteur; on nous retourne notre billet, en disant qu'on n'a pas trouvé le signataire.

Nous envoyons une autre créance à recouvrer à un autre inspecteur, qui nous répond : « Messieurs, vos titres sont faux, les papiers sont faux, les actes sont faux. J'ai l'honneur de vous saluer. » Mais ne devez-vous pas, répondons-nous, si nous avons été trompés, rechercher et punir les coupables, rendre un jugement?

Nous faisons avec un Chinois à Bay-xao un marché de paddy à livrer; le paddy valant à ce moment 1 fr. 20 la mesure, nous lui en achetons tant de mesures à ce prix, livrables dans trois mois, et nous payons d'avance. Ce Chinois croit à la baisse, nous croyons à la hausse, en tout cas il jouit de notre argent pendant trois mois. Quand les trois mois sont écoulés, il se trouve que le paddy a monté jusqu'à 1 fr. 80. Nous mettons le Chinois en demeure de payer devant le juge, qui rend le jugement suivant : « A la récolte prochaine (c'est-à-dire dans neuf mois, et alors que le paddy à Bay-xao ne vaudra plus que 1 franc) le Chinois *un tel* remboursera à *Taillefer et C*, tant de mesures de paddy (le même nombre que celui porté sur le contrat). De sorte que nous ne sommes payés qu'un an après, et qu'au lieu de gagner 60 centimes par mesure, nous perdons 20 centimes, ce qui fait une différence de 80 centimes par mesure, plus l'intérêt de notre argent, et quand ce jugement a été rendu, nous nous trouvons sans force pour le faire exécuter.

Avec de pareils jugements, comment veut-on qu'une seule convention avec les indigènes soit observée? Nous avons eu pourtant quelques inspecteurs qui se sont occupés de nos affaires, et cela quelquefois sans que nous le sachions. Trouvant des créances dans leurs casiers, ils voulaient savoir si en fin de compte ces créances étaient bonnes. Plusieurs débiteurs avouaient leurs dettes. « Mais si vous devez, disait l'inspecteur, il faut payer. » Les Annamites temporisaient, apportaient de petites sommes et attendaient le départ de l'inspecteur. Ils savaient avoir alors six mois de tranquillité. Le nouvel inspecteur avait d'abord à s'installer, puis à rappeler les parties, et quand il se décidait à s'occuper de nos affaires, on le changeait, et c'était à recommencer.

Depuis que le directeur de l'Intérieur a envoyé des ordres pressants à notre juge actuel de s'occuper de ces affaires, c'est-à-dire depuis décembre, nous sommes rentrés dans 50 francs !

On comprend combien un pareil état de choses était désastreux. Outre que nous ne rentrions pas dans les sommes dues, il nous devenait impossible de continuer quelque affaire que ce fût, puisque nous savions à l'avance que nos contrats ne seraient pas exécutés, les Annamites sachant bien que nos plaintes restaient toujours sans effet.

Enfin, malgré tous ces dénis de justice, nous ne désespérons pas ; nous établissons magnanerie et filature de cocons ; nous faisons venir des cartons de graines du Japon pour obtenir en Cochinchine des éducations avec le ver de ce pays. Dans ce but nous distribuons aux principaux sériciculteurs du Kien-dang des parties de graines, alors que le carton coûtait 27 francs. Nous expédions en France de forts lots de cocons pour attirer l'attention sur les produits de la Cochinchine. Nous augmentons nos plantations de mûriers et de cocotiers ; nous établissons plusieurs nouvelles fermes, et nous nous disons qu'il faut patienter et attendre des jours meilleurs, en mettant le plus d'économie possible dans nos affaires ; c'est alors que, vers le mois de décembre, au moment des *récoltes,* au moment des *travaux les plus considérables de culture,* au moment où nous allons recueillir le fruit de nos labeurs de l'année entière, on vient nous porter le coup de grâce, avec une maladresse qui n'a d'égale que l'entêtement avec lequel on a persévéré dans cette voie d'attaque, une fois qu'on a pu reconnaître qu'on avait été trop loin.

Notre lettre du 27 décembre à M. le directeur de l'Intérieur renseigne tout à fait au sujet de notre première affaire avec notre inspecteur. Origine du dernier conflit.

Nous avions deux engagés en fuite : l'un était allé s'enrôler dans la milice indigène ; l'autre, en partant, nous avait volés ; nous allâmes porter plainte à notre inspecteur ; l'affaire du coolie qui avait volé était grave ; nous avions conduit des témoins. L'un de ces témoins interrogé dit « que nous l'avions envoyé *prendre* tel individu ; que pour cela nous lui avions donné un ordre ; que nous donnions souvent des ordres semblables.» L'inspecteur aussitôt cessa de s'occuper de notre plainte, et d'accusateurs nous passâmes à l'état d'accusés. Il dit que c'était fort grave, que c'était une atteinte portée à son autorité, parla de ses quinze mois de stage et mit immédiatement notre témoin en état d'arrestation, comme inculpé de séquestration avec violence.

Il s'étonna en même temps de nous entendre parler de vols annamites ; dit que les Annamites dérobaient bien des piastres, mais que nous nous plaignions de vols d'arbres et de fruits, et que les Annamites ne commettaient pas ce genre de délits: ce qui peut être vrai entre eux, mais ce qui est complétement faux quand ils ont affaire aux Européens. L'inspecteur ajouta que pour un arbre coupé il en repoussait dix.....

Nous cherchâmes à lui expliquer que nous devions avoir le droit de rechercher nos travailleurs absents, nos débiteurs au moment des échéances ; il ne voulut admettre aucune explication.

Nous faisions pourtant à cette époque bien peu de bruit, car notre inspecteur ne se doutait même pas de quoi nous étions propriétaires, et n'avait pas dans ses archives notre titre de propriété.

Ceci n'est pas extraordinaire, vu les changements si fréquents d'inspecteurs, et les déplacements de l'inspection elle-même. En cinq années, nous avons vu l'inspection à Caï-lay, puis supprimée et passant à Can-lo; de là les archives sont transportées à My-tho. On rétablit ensuite l'inspection à Caï-lay, puis on la supprime, et on la transporte à Caï-bé. Il est en ce moment question de la supprimer encore. Donc plus d'archives possible; et nous mettons en fait que si les originaux des lettres dont nous avons copie, s'étaient trouvés à l'inspection, on n'aurait pu songer un seul moment *à attaquer nos droits à la propriété*. On aurait ainsi évité nos désastres et par suite cette longue affaire.

Aussi M. l'inspecteur, connaissant aussi peu nos droits, fait-il sans hésitation, pour construire son blockaus, et malgré nos protestations, couper sur la propriété soixante calophyllums inophyllums (arbres portant une noix dont on extrait une huile recherchée, et donnant par incision une résine employée dans diverses maladies par les indigènes) de 80 centimètres d'équarrissage. Nous comptons rappeler cette affaire quand on aura reconnu nos droits à la propriété, et en poursuivre la réparation par tous les moyens légaux.

Nous avions demandé à ce même inspecteur de vouloir bien s'occuper de nos créances qu'il avait entre les mains; nous l'avions prié de faire au moins exécuter les jugements rendus par ses prédécesseurs. Il nous répondit que certainement il s'en occuperait, mais qu'il avait encore trop de travail; puis il réglait nos patentes et nos impôts et laissait les créances; et c'est ainsi que toutes les fois que nous avons voulu faire une réclamation ou une plainte, on nous a fait comprendre que nous avions tort de sortir du silence qui convient aux petits.

C'est alors que l'un de nous se rendit à Saïgon et se plaignit à M. le directeur de l'intérieur, qui voulut bien répondre qu'une commission d'enquête se rendant à Caï-bé pour d'autres motifs, il chargerait cette commission d'enquête de *régler les différends survenus entre l'inspecteur et notre Société.*

Pleins d'espoir dans les paroles de M. le directeur, nous nous rendîmes à Nâm Thôn, et nous écrivîmes à la commission d'enquête pour la prévenir que nous nous tenions à sa disposition pour lui fournir tous les renseignements qu'elle pourrait désirer. De plus, nous préparâmes une sorte de requête pour exposer nos besoins.

Vain espoir ! *La commission d'enquête ne nous interrogea même pas !* Elle se contenta de faire appeler nos fermiers, de faire rechercher les *illégalités que nous avions pu commettre depuis quatre ans.*

Ainsi, loin de s'occuper *des différends survenus entre l'inspecteur et nous,* la commission d'enquête recherche avec passion ce qu'on peut avoir à nous reprocher depuis notre établissement sur l'île. Sans avoir pris connaissance de nos contrats, l'enquête en casse les clauses, dit aux fermiers de ne pas remplir les conditions qui y sont stipulées, déclare ces conditions contraires aux lois, affirme que nous ne sommes pas propriétaires de ce que porte le contrat, fait avec le plus d'exactitude possible le compte des coups de bâton et des claques administrés sur l'île depuis 1866, déclare aux habitants qu'ils ne doivent obéir qu'à l'inspecteur et pas à nous leurs maîtres, qui les employons et les nourrissons, puis termine en demandant le cadastre.

Enquête administrative.

Différence entre les paroles de M. le directeur et les instructions données à la commission d'enquête.

La direction approuve cette enquête par lettre, trouve aussi les clauses de nos contrats illégales, et les brise de son autorité privée. Elle fait plus, elle nomme inspecteur et juge de notre arrondissement, *pour régler les affaires litigieuses que ne peut manquer de soulever l'enquête*, un des membres de la commission, qui ne pourra se démentir, qui jugera selon des idées déjà formées et déjà émises.

Aussi, dès notre première entrevue avec notre nouveau juge, nous dit-il qu'il ne changera jamais d'opinion, malgré tout ce que nous pourrons dire pour notre défense; qu'il sautera plutôt ! C'est en vain que nous lui donnons lecture de nos contrats, de notre correspondance; que nous faisons tous nos efforts pour le convaincre de notre bon droit, que nous lui disons que l'enquête a fait fausse route uniquement par ignorance de l'acte de propriété et de la situation. Rien n'y fait ! « Vous avez subtilisé la propriété, vous n'êtes pas propriétaires, les clauses de vos contrats sont arbitraires, vous avez abusé et dépouillé les Annamites. »

Dans notre lettre du 22 janvier au directeur de l'Intérieur, nous répondons aux faits qui nous sont reprochés dans l'enquête.

Nous faisons d'abord ressortir la première phrase du rapport de cette commission, qui énonce qu'elle a été nommée *pour aller constater les illégalités commises par la Société ou par ses agents :* ce qui prouve bien que l'enquête était dirigée contre nous ; et, d'après les paroles de M. le directeur de l'Intérieur, nous avions tout lieu de croire à une enquête contradictoire, peut-être même à une *enquête dirigée dans un sens bienveillant pour nous.* Dans la lettre d'envoi jointe au rapport de la commission d'enquête, le directeur, au lieu de dire : « Je vous envoie le rapport de la commission chargée *de constater les illégalités commises par la Société,* » dit : « Je vous envoie le rapport de la commission chargée d'examiner *les différends sur-*

venus *entre l'inspecteur et votre Société.* » Quelle franchise !

Il y a là une irrégularité très-grande qu'il serait bon d'éclaircir ; car ou l'enquête a outre-passé son mandat, ou sa mission n'était pas celle que le directeur avait annoncée à la Société, et qu'il cite de nouveau dans sa lettre. Or, l'inspecteur de Caï-bé nous a formellement déclaré que la commission avait bien reçu l'ordre d'aller constater nos illégalités. Donc, dès le principe, l'administration ne nous avait témoigné qu'une bienveillance feinte, et, loin de chercher à écouter nos griefs et à y faire droit au besoin, elle donnait déjà l'ordre formel de diriger l'enquête contre nous.

Aussi la commission avait-elle fait revenir sur le tapis l'affaire du nommé Đanh, le témoin arrêté comme accusé de séquestration avec violence, affaire déjà jugée et parfaitement vidée, puisque Đanh avait été acquitté ; il est vrai que cela procura l'occasion de s'apercevoir que cet homme qui aurait dû être en liberté, et qui y était selon le registre d'écrou, se trouvait encore en prison !

Le rapport de la commission d'enquête prouve dans le paragraphe suivant qu'aussitôt que les habitants de Nâm Thôn *surent qu'il y avait une commission*, ils se rendirent tous *spontanément* à l'inspection pour y déposer leurs plaintes ; *ils étaient très-pressés !* Or, voici la vérité : Les habitants ont été *convoqués officiellement* par le chef du canton, soit par ordre de la commission, soit par ordre de l'inspecteur à l'insu peut-être de la commission. Du reste, les habitants, avant d'aller à l'inspection, sont venus nous prévenir qu'on les appelait avec l'ordre de faire des plaintes, et nous demander *ce qu'il fallait répondre.* Nous leur dîmes : « C'est votre affaire ; dites la vérité, et tout ira bien. » Nous comptions à cette époque, il est vrai, sur une enquête contradictoire, nous pensions être interrogés, et nous ne pouvions supposer l'enquête aussi mal disposée à notre égard.

Il nous paraît donc bien démontré que les habitants du Nâm Thôn ne se sont pas rendus *spontanément*, mais bien par *ordre,* ce qui est différent.

Jamais, d'ailleurs, les habitants ne s'étaient plaints de nous, et il a fallu qu'ils fussent poussés par nos concitoyens pour aller rechercher avec de pénibles efforts de mémoire les faits pouvant paraître illégaux depuis l'époque de notre établissement.

Aussi ne leur a-t-on pas demandé le bien que nous avions pu leur faire ; on ne leur a pas demandé si nous les avions soignés dans leurs maladies ; on ne leur a pas demandé s'ils avaient plus de bien-être qu'autrefois. Quand nous leur avons fait des reproches à ce sujet, ils nous ont invariablement répondu : « C'est vrai, mais on ne nous le demandait pas. » Actuellement il est probable qu'il ne le diraient plus ; on leur a fait comprendre, non sans peine, il est vrai, mais enfin maintenant ils ont parfaitement compris qu'il leur serait très-avantageux, aujourd'hui que l'île est repeuplée et défrichée, de nous faire mettre à la porte.

Dans ce qu'elles ont d'exact, toutes ces plaintes sont facilement explicables. Comment, en effet, conduire un établissement formé d'individus recrutés partout, qui avaient abandonné leurs villages, soit parce qu'ils y étaient misérables et sans ressources, soit parce que leur conduite laissait à désirer, sans montrer une volonté soutenue ? Mais non ! On nous conteste tout droit à une autorité quelconque sur les gens que nous employons soit comme fermiers, soit comme engagés. « Vous n'avez pas le droit de donner un ordre, d'appeler par lettre les hommes à votre service dont vous avez besoin ; ce sont des mandats d'amener. » Puis on affecte dans les relations administratives avec nos fermiers de nous rabaisser à leurs yeux en employant des formules que l'on croit impolies. Quand on discute des questions de fermage, nous faisons acte de propriétaires et d'agriculteurs ; l'inspecteur emploie les formes suivantes : « Mercator Nâm Thôn dixit. » « Pete si debet mercatori Nâm-Thôn. » Et les Annamites interprètes, heureux de vexer un Européen, renchérissent sur le tout dans leur traduction ! Pourquoi ne pas dire Monsieur ? Croit-on qu'il n'y a pas là une intention blessante, portant un tort réel à la Société en diminuant le respect de nos fermiers pour nous ?

Souvent il a été question de nous attaquer, et tous les postes qui nous entourent l'ont été une ou plusieurs fois depuis que nous habitons Nâm Thôn. N'avions-nous pas dans ces circonstances, isolés comme nous le sommes, à cinq lieues de tout fort occupé par les Français, à redoubler d'énergie et de surveillance ? Fallait-il attendre que le mal fût fait, nos magasins pillés ou brûlés, nous-mêmes décapités, pour agir ? Et on nous refuse dans ce cas le droit de rassembler nos fermiers, de leur donner l'ordre de doubler les veilleurs de nuit ! Nous n'avions pas, et on nous l'a prouvé dans maintes circonstances, à compter sur nos compatriotes qui avaient des instructions précises pour ne pas sortir de leurs forts, quand les indigènes, travaillés par les rebelles, allaient tenter une insurrection nouvelle. Ah ! il est bien facile à un inspecteur, trônant sur son tribunal, entouré d'une milice nombreuse, ayant à cent mètres de lui un poste d'Européens palissadés, retranchés, et ne redoutant aucune attaque d'indigènes armés de lances et de bâtons, il est bien facile, disons-nous, quand on n'a rien à perdre, quand votre existence ne court aucun danger, de trouver illégales les simples mesures de conservation dictées par la prudence la plus vulgaire !

Dans une autre malheureuse circonstance, notre usine à décortiquer est incendiée par le défaut de surveillance des hommes employés à étouffer des cocons. Nous perdons ainsi dans une seule nuit pour 40,000 francs de matériel, de constructions et de marchandises ; dans ce cas, nous n'avons pas non plus le droit d'ordonner à nos fermiers, à nos engagés de venir nous aider à éteindre le feu, à réparer le mal autant que possible, à déménager des cocons qui vont s'avarier par la pluie, au milieu de la saison humide ? Il est vrai aussi que nous n'avons pas même, dans notre malheur, droit à l'aide, à la pitié de nos compatriotes ! Deux chaloupes à vapeur, du service local, passent, en effet, près de nous, elles se rapprochent de la rive où nous sommes établis, voient nos ruines fumantes, les cheminées de notre usine renversées, les murs écroulés, et passent à toute vitesse, sans se préoccuper de savoir si nous sommes encore vivants, si c'est à la malveillance qu'il faut attribuer notre désastre ! Nous prévenons le gouverneur, qui ne daigne même pas nous faire accuser réception de notre lettre ; nous prévenons l'inspecteur, qui, oublieux de tous ses devoirs, ne prend même pas la peine de faire la plus simple enquête sur la cause de ce sinistre !

Y a-t-il une exploitation possible dans de pareilles conditions ? Si, devant la désobéissance formelle de nos gens, devant le vol ou devant les menaces, nous avons quelquefois sévi, en usant des moyens employés dans le pays par le chef de famille avec ses enfants, par le propriétaire avec ses serviteurs, par le plus petit notable de village avec ses administrés, n'y étions-nous pas contraints et forcés par les circonstances ? D'ailleurs nous l'avons toujours fait avec modération, et seulement pour l'exemple. Nous défions de nous prouver qu'un seul homme frappé par nos ordres ait été incapable de continuer sur le champ son travail !

Nous défions de nous prouver qu'un de nos engagés quelconque n'ait pas, s'il en avait eu le choix, préféré les corrections, telles qu'elles étaient données sur l'établissement, à une simple retenue de 10 centimes sur sa solde!

L'Annamite ne sait encore obéir qu'à celui qui peut commander; et nous croyons, si nos souvenirs ne nous trompent pas, qu'il n'y a pas une seule colonie où le maître n'a pas recours direct et immédiat sur ses serviteurs indigènes pour réprimer un désordre. Il prévient après, mais il réprime d'abord.

Et ces hommes qu'on nous dit si empressés à se plaindre aujourd'hui, pourquoi ne l'ont-ils pas fait avant? Pourquoi ne nous quittaient-ils pas? Pourquoi la population augmentait-elle sans cesse sur Nàm Thôn? Pourquoi a-t-il fallu leur démontrer qu'ils pourraient devenir propriétaires à notre place? On prétend, il est vrai, que les indigènes n'ont contracté que sous l'empire de la crainte; que nous avons usé de violence pour les faire contracter! Singulière violence que celle qui consiste à avancer de l'argent, à fournir des buffles et des instruments aratoires, à donner à des gens qui manquent de tout le moyen de s'enrichir en travaillant!

« C'est votre titre de capitaine à trois galons qui les a forcés à contracter. » — Mais en vérité que peut venir faire ici notre titre de capitaine à trois galons, quand *les coutumes annamites conservent aux fonctionnaires civils et militaires leurs anciens titres, même après démission de leur emploi.* Les Annamites nous appelaient « capitaines à trois galons qui cultivent le riz; » et si ce titre les a forcés à contracter, il ne les a certes pas empêchés de nous voler!

Allons, Messieurs les inspecteurs, étudiez un peu mieux les mœurs et les usages des pays que vous administrez, avant d'en faire un sujet de plainte contre des gens qui ne peuvent mais de votre ignorance !

Du reste, en consentant à nous mettre en congé, on avait sans nul doute l'intention de faire un avantage aux premiers colons s'établissant dans l'intérieur. A-t-on eu tort, a-t-on eu raison? En tout cas, on l'a fait pour d'autres que pour nous, et ce n'est pas aux agents subalternes de l'administration à juger la question et à faire tourner à notre détriment ce qu'on nous a accordé comme un encouragement, comme une faveur.

Mon Dieu ! nous savons bien que cela ne prouve rien ! Mais quel est l'administrateur de l'Intérieur, surtout à l'époque dont nous parlons, qui n'a pas commis, lui aussi, ses petites illégalités? Pourtant il avait à sa disposition des miliciens, une prison, il pouvait sévir par des moyens légaux. Quant à nous, nous n'avions pas même le droit de commander à nos serviteurs, pas même le droit d'établir des veilleurs de nuit ! C'étaient des mesures arbitraires appuyées sur notre titre de capitaines à trois galons ! D'un autre côté, disons en passant quelles sont les idées de quelques inspecteurs sur la protection qu'ils croient devoir aux Européens ; car, enfin, si nous n'avons pas d'autorité, on nous doit au moins une protection. A la dernière insurrection du Kien-dang, deux de nous étaient en course, loin de l'établissement, il ne restait qu'un seul Européen à Nâm Thôn. Nous dûmes rentrer immédiatement, parce que nous savions que, chassés du Kien-dang, les insurgés traverseraient le grand fleuve pour se sauver sur la côte de Vinhlong. Or, il est plus facile de traverser le fleuve là où notre île le coupe en deux ; d'autant mieux qu'on peut s'y cacher. Nous dîmes à quelques inspecteurs avec lesquels nous causions. « Il est probable que votre collègue de Caïlay aura fait prévenir à Nâm Thôn pour qu'on s'y tienne sur ses gardes ; il nous semble que c'est son devoir. » « Pas du tout, nous répondirent ces messieurs ; si notre collègue vous prévient, ce ne sera qu'une affaire de *bienveillance;* il n'est nullement forcé de le faire. »

Du reste nous étions établis à l'extrême frontière ; avant l'annexion des provinces de l'Ouest, nous étions logés dans des cases annamites ; nous avions avec nous une partie de notre matériel et nos fonds disponibles ; l'expédition se fit à nous toucher, et nous ne fûmes même pas prévenus de nous tenir sur nos gardes et de redoubler de vigilance !

Tous les faits que nous venons de citer, et nous pourrions en énumérer bien d'autres, ne forment-ils pas un tout considérable qui a contrarié et annulé nos efforts ?

L'enquête confond toujours la Société avec l'individualité des gérants ; elle parle de MM. Brou et Taillefer ou de M. Brou ; elle oublie, ou ne sait pas, qu'il y a une Société du nom de Taillefer et Cie, être neutre, qui n'est ni M. Brou, ni M. Taillefer ; puis il y a M. Taillefer, et enfin M. Brou. Les faits sont personnels, et chacun des gérants réclame la part de responsabilité qui lui incombe. Ainsi beaucoup de faits dont parle l'enquête sont arrivés, quand M. Brou était en France, pourtant son nom est toujours cité. Donc nouvelles irrégularités, nouvelle confusion qui prouve le soin avec lequel l'enquête a dû être dirigée.

Dans l'enquête les habitants nous accusent d'avoir repris *leurs buffles.* Mais nous ferons observer à ce sujet que dans nos contrats postérieurs au premier, les indigènes n'ayant pas acquitté complétement leurs redevances, nous nous étions réservé de reprendre ces animaux ; cela n'était d'ailleurs qu'une simple mesure conservatoire ; nous avons toujours remis les buffles aux habitants lorsque les travaux des rizières l'exigeaient. Pendant la morte saison, nous aimions mieux voir les buffles chez nous qu'entre les mains des Annamites, afin d'être sûrs qu'ils ne les vendraient pas, ne les joueraient pas, ou ne les feraient pas disparaître. Ce qui vient de se passer sur l'île ne justifie que trop la sagesse de notre procédé.

L'enquête examine ensuite la question du coolie, gardien de magasin demandé à chaque groupe. Il paraît que dans le contrat écrit en annamite, on l'appelle soldat. En tout cas, ce serait un soldat sans armes et sans vêtements distinctifs. Pour nous, ce n'est qu'un homme ayant des répondants, et auquel on peut donner un poste de confiance. En admettant que le texte annamite le qualifie de soldat, ce que nous ne pouvions pas reconnaître, n'étant pas, comme MM. les inspecteurs, versés dans la connaissance des caractères chinois, ce ne serait pas une bien grande irrégularité, un cas notoirement pendable. Tous les négociants de Saïgon ont en effet un homme *armé,* qu'ils appellent soldat, et qui veille la nuit comme les nôtres pour prévenir les vols.

Cette clause du contrat ne concerne que les fermiers et non les villages; ceux qui ont reçu des avances et accepté des fermes, *les signataires en un mot,* sont seuls liés; et la preuve, c'est que dans deux de nos nouvelles fermes qui étaient en voie de prospérité avant l'enquête, nous avions également exigé un veilleur de nuit. Jamais, on le voit, nous n'avons entendu parler du village administratif.

Sur une de nos fermes nouvelles, un seul homme s'est engagé; ce seul homme est commandité par nous, et il a toujours fourni son coolie.

L'enquête établit ensuite ou s'efforce d'établir que nous ne possédons pas toutes les terres que nous avons achetées et qui sont désignés dans nos contrats.

Le procès établira le droit de chacun à ce sujet: mais

nous ne pouvons nous empêcher de reprocher à la commission de citer notre contrat de vente en *en dénaturant complétement le sens*. En effet, l'enquête dit que le titre de propriété concède à MM. Taillefer et Cie *300 hectares à prendre dans les terrains libres* situés à l'ouest du méridien passant par le marché de Ca-cong; or ce n'est pas du tout le texte de notre contrat, qui dit « un lot de terrain d'une contenance de 300 hectares *environ, qui se compose de tous les terrains libres*, etc.....

Ainsi, de deux choses l'une : ou la commission n'avait pas l'acte de vente sous les yeux, ce qui serait un grand tort, et alors elle ne devait pas soulever la question de propriété, ou elle en a dénaturé le sens, l'ayant sous les yeux, et commettant alors *une faute qui prouve son parti pris de juger contre nous.*

L'enquête parle ensuite des calophyllums coupés par ordre de l'inspecteur, pour la construction du blockaus de Caï-lay. Elle n'en voit que 10; or, c'était 60. La répartition faite par l'enquête est une répétition du jugement de Salomon. Nous n'y ajoutons rien : « Si la terre est à nous, on nous a causé un dommage; dans le cas contraire nous n'avons rien à réclamer. »

Enfin la commission ajoute « *qu'il aurait fallu, pour faire la part des exagérations annamites, entendre les deux parties intéressées, ce qui n'était pas dans son mandat.* »

Ce dernier membre de phrase prouve, à lui seul, *ce qu'était l'enquête.*

L'administration l'avait bien ordonnée contre nous, et avait donné ordre à ses agents de ne pas nous interroger. *On nous avait donc trompés*, en nous berçant de l'espoir d'une enquête contradictoire; car l'enquête étant, suivant la lettre et les paroles de M. le directeur de l'Intérieur,

« chargée d'examiner les différends survenus entre deux parties », devait forcément les interroger toutes deux.

Enfin l'enquête, *sans avoir pris connaissance de nos contrats, sans connaître, nous l'espérons du moins, notre acte de propriété, sans nous avoir entendus,* conclut au cadastre, annonce aux habitants que nous les avons trompés, que nous ne sommes nullement propriétaires de ce que nous avons fait remettre en culture par nos soins et nos avances ; qu'ils ne doivent pas de fermages, au moins jusqu'à nouvel ordre ; que les clauses de nos contrats sont contraires aux lois, et ordonne aux habitants de ne pas respecter ces clauses.

Un des membres de l'enquête est nommé, quelques jours après cette enquête, inspecteur-juge dans notre arrondissement.

A la suite de cette enquête qui s'est prononcée entièrement contre nos droits, on nomme l'un des membres de cette commission d'enquête inspecteur de notre arrondissement !

Ainsi nous voilà obligés, pour réclamer contre ladite enquête et contre les torts qu'elle nous fait, de nous adresser à notre nouveau juge, qui est précisément un de ceux qui, comme administrateurs, nous ont déjà exécutés.

Pourra-t-il se rendre à nos raisons, quelque bonnes qu'elles soient ? Pourra-t-il, le lendemain, dire, comme juge, le contraire de ce qu'il a dit, la veille, comme administrateur ? Ce choix n'était-il pas fait contre nous ? ou, s'il était dû au hasard, n'était-il pas au moins malheureux ? De plus, notre nouvel inspecteur avait déjà eu, trois ans auparavant, avec notre Société, une différence d'opinion, en matière de justice, et était, ou pouvait être, mal disposé contre elle.

Chaudoc. — Affaire Ngoc-Hue.

Nous avertîmes de ce fait M. le secrétaire général (le directeur étant absent), et il passa outre. Nous croyons devoir citer le fait qui, il y a trois ans, nous avait retiré la sympathie de notre inspecteur actuel, alors inspecteur à Chaudoc.

Le Chinois Ngoc-Hue avait été commandité par nous d'argent et de cotonnades pour acheter du paddy, qu'il revenait nous vendre pour notre rizerie. Ce Chinois, un jour, disparut, et nous apprîmes qu'il demeurait à Chaudoc avec sa famille. Nous remîmes son billet à l'inspecteur de cet arrondissement. Cet inspecteur, au bout d'un mois, nous renvoya cette créance en nous disant que le taux spécifié étant au-dessus de 33 0/0, et la loi, défendant ces prêts, il se refusait à s'occuper de cette affaire. Nous adressâmes alors une plainte au procureur général, qui ordonna à M. l'inspecteur de nous redemander le billet de Ngoc-Hue, pour en poursuivre le remboursement. M. l'inspecteur avait été, paraît-il, fortement blâmé, tant par le procureur général que par M. le directeur de l'Intérieur. Le fait est qu'il ne nous pardonna pas ; en attendant, la créance resta entre ses mains ; il dit aujourd'hui qu'elle est aux archives de Chaudoc ; nous la faisons réclamer en ce moment ; si cette créance ne se retrouve pas, nous verrons ce que la justice en pensera ; elle peut avoir été perdue, comme tant d'autres, nous le supposons même, car, à cette époque, les archives des inspections étaient assez peu soignées ! Mais ne peut-elle pas aussi avoir été volée par le premier venu et recouvrée ?

A la suite de l'enquête, et il ne pouvait en être autrement, les Annamites se lèvent en masse contre nous et ne nous reconnaissent même plus un pouce de terre, et en cela ils sont logiques.

Les membres de l'enquête ont dit que nous n'avions aucun droit. Les habitants reprennent donc les limites des villages avant que l'île ne fût abandonnée, et comme, en dehors de ces limites, il ne reste rien, la part de notre Société se trouve vite faite.

Les gens des villages déclarent que la récolte des champs, semés par nos engagés, sera conduite chez eux et non chez nous. Notre maison, nos magasins, nos usines sont sur le territoire d'un village, et il ne peut en être autrement, il faut toujours bien être quelque part ! Les gens de ce village réclament notre maison et nos ateliers. Ils comprennent qu'en nous faisant peur ils retarderont le moment *de payer les redevances* et réussiront peut-être à *s'en affranchir complétement.* Ainsi nous avons appelé une population, nous avons assuré son existence par des avances et des sacrifices de toutes sortes, et, quand elle se sent forte et soutenue, elle nous met à la porte. L'enquête nous a mis complétement à la merci des Annamites. La Société paye l'impôt, et les Annamites récoltent !

A ces observations présentées dans une lettre adressée à M. le directeur de l'Intérieur, ce haut fonctionnaire répond : « Toutes vos contestations avec vos fermiers, et celles relatives aux limites de votre propriété, sont du domaine contentieux et doivent, en conséquence, être déférées à l'inspecteur, appelé seul à en connaître en sa qualité de juge ; la direction de l'Intérieur ne peut exercer aucune influence sur les décisions essentiellement judiciaires qui doivent intervenir. »

Ainsi nous voilà complétement soumis à ce dieu en trois personnes qui réunit entre ses mains l'autorité militaire, l'autorité administrative et l'autorité judiciaire. Si la direction de l'Intérieur avait voulu être juste et impartiale, *elle devait au moins nous donner un autre inspecteur.*

Car enfin, *c'est l'enquête administrative que nous allons attaquer ; c'est de l'enquête que provient la discussion sur la propriété.* Tous les faits qui se passent ensuite, la non-rentrée de nos fermages, la désertion en masse de nos engagés à l'année emportant nos avances, la suspension de nos opérations industrielles, agricoles et commerciales, l'abandon de nos comptoirs à **eux**-mêmes, le départ de nos gardiens de magasins, les vols qui en sont la suite, enfin les menaces d'attaque, *sont bien les conséqnences de l'enquête.*

Ainsi nous attaquons l'enquête, et nous trouvons comme juge unique l'un des membres de cette enquête ! M. l'inspecteur, placé dans cette situation, doit se récuser, la loi lui en fait un devoir, mais il n'en fait rien et reste notre juge.

Dans cette même lettre du 28 janvier, le directeur nous annonce l'arrivée du cadastre, puis ce haut fonctionnaire ajoute, pour son compte personnel, que nos contrats n'ont aucune valeur, et qu'ils sont contraires aux lois.

Dans sa lettre du 31 janvier, le directeur ne parle plus pour son *compte personnel,* mais bien *au nom de l'Administration.*

Lettre du directeur du 31 janvier.

« Vos contrats passés avec les notables qui n'ont aucune qualité pour contracter au nom des villages, ni pour le compte des habitants, *sont sans aucune valeur légale et ne sauraient être reconnus par l'Administration.* »

Et M. le directeur de l'Intérieur serait-il assez bon pour nous expliquer en quoi les clauses de nos contrats regardent l'Administration ? De quel droit l'Administration se permet-elle de casser ces clauses de sa propre autorité ? N'est-ce pas l'affaire de la justice, comme il nous l'écrivait naguère encore ? Le système est tellement vicieux que voici M. le directeur de l'Intérieur lui-même qui confond les attributions administratives avec les attributions judiciaires !

Dans notre réponse du 1er février à M. le directeur, nous rappelons tous nos griefs, nous rejetons toutes les

Notre lettre au directeur du 1er février.

fautes commises sur l'Administration, nous faisons ressortir tous les dommages déjà causés à la Société, et, nous appuyant sur l'article 1382 du Code, nous en demandons la réparation.

Nous continuons à ne pas admettre la *non-responsabilité de l'Administration, qui, après avoir pris administrativement des mesures illégales, se retranche derrière le juge de l'inspection.*

Le 2, nous allons à l'Inspection et nous remettons à l'inspecteur-juge une requéte ainsi conçue :

« Nous demandons que la propriété soit bien affirmée (toute la partie ouest de l'île, moins 36 hectares).

« A la suite de l'enquéte faite dernièrement, nos fermiers se sont crus dégagés de leurs redevances : or, le riz se récolte en ce moment, il y a donc urgence.

« En admottant les territoires des villages rétablis, nos droits de propriétaires sont annulés et nous ne possédons pas même la maison que nous habitons.

« D'après vous et d'après la direction de l'Intérieur, nos contrats ne sont pas valables, nous en demandons l'exécution.

« Nous demandons qu'on s'occupe immédiatement de nos créances en souffrance, tout en réservant nos droits pour les retards apportés depuis trois ans dans ces affaires. »

Nous allons présenter nous-mêmes cette requéte à notre juge, *nous lui faisons lire nos contrats qu'il ne connaissait pas encore,* notre correspondance, dans l'espoir qu'il reviendra de ses préventions de *membre de l'enquête;* nous lui disons qu'il est encore temps, en placardant sur la propriété des affiches portant que la Commission a outrepassé ses droits et que nous sommes bien propriétaires; qu'en adoptant ce parti, le seul sage, le seul équitable, nos récoltes peuvent encore être sauvées et tout dommage actuel évité.

Nous essayons encore une fois de lui prouver que si les Annamites possèdent toutes les terres des villages, toute terre appartenant territorialement à un village, nous n'avons pas même les 300 hectares que l'Administration croit nous avoir vendus et pour lesquels nous payons l'impôt depuis quatre ans; car d'après ses idées l'Administration aurait dépouillé ces pauvres Annamites!

Vains efforts! « On fait le cadastre, ajoute l'inspecteur, et, ce travail terminé, on vous désignera votre lot dans ce que ne réclameront pas les Annamites. »

Or, les Annamites qui n'ont droit à rien réclameront de préférence ce que nous avons défriché et cultivé; donc, l'Administration nous choisira 300 hectares de broussailles incultes et incultivables. Ainsi, après quatre années de travaux, après quatre années de patients efforts, de fatigues et de dangers de toutes sortes, nous en arriverons à posséder, selon l'Administration, 300 hectares de broussailles!

Ce jour-là, notre juge nous dit, en entrant en séance et avant de nous avoir entendus : « Je ne changerai jamais d'opinion, quoi que vous disiez; vous avez dépouillé les Annamites, j'aimerais mieux sauter que de vous donner raison. Personne ne pourra jamais croire que vous avez agi loyalement, vous n'avez rien fait sur votre île. »

Puis il nous rappela qu'il nous avait vus deux fois. Une fois, il y avait trois ou quatre ans à notre arrivée, et, une autre fois plus tard, à Saïgon; « cette fois même vous me refusâtes la main. » Nous lui dîmes, ce qui était exact, que nous ne l'avions pas reconnu, que, n'habitant pas Saïgon et y venant rarement, les figures nous échappaient, surtout celles des personnes que nous avions vues très-peu souvent. Il voulut continuer à croire à une impolitesse. « Après tout, dîmes-nous, qu'importe aujourd'hui cette affaire, et en quoi influence-t-elle le juge de Caï-bé ? »

Lettre à l'inspecteur du 7 février.

Le 7 février, nous adressons une nouvelle lettre à notre inspecteur, et nous essayons encore une fois de le faire revenir de ses préventions contre nous.

On n'accusera certes pas notre correspondance de ne pas être conciliante et polie.

« Voulez-vous nous permettre d'ajouter quelques renseignements à ceux que nous avons déjà eu l'honneur de vous fournir. Nous n'osons espérer de modifier vos idées, pourtant nous croyons devoir faire tous nos efforts pour y arriver. Vous nous avez fait l'honneur de nous dire que « nous n'avions rien fait sur l'île, que nous avions trouvé tout fait, que, dans votre visite à Nâm Thôn, vous aviez trouvé des rizières cultivées. » C'est vrai, mais ces rizières avaient été remises en exploitation avec nos avances ; car, veuillez le remarquer, nous habitions l'île depuis huit mois.

« Pendant ce temps, nous avions déjà traité avec les habitants pour appeler des travailleurs et remettre des terres en exploitation. Les travaux que vous avez remarqués, étaient faits avec nos capitaux.

« Nous relevons sur nos livres :

« De novembre 1866 à septembre 1867, uniquement pour avances à la culture, achats de buffles, 7,020 fr. 75.

« Comme travaux directs, 8,658 francs ; en endiguements, chemins, plantations diverses.....

« Bien souvent, on nous a félicité sur nos progrès, et des gens qui nous avaient vus au début et qui sont compétents.

« Nous avons à peu près cessé de faire des avances aux premiers fermiers, à ceux qui habitaient l'île à notre arrivée, parce que ces gens, malgré de belles récoltes, ne payaient pas régulièrement les fermages.

« Nous avons pris un nouveau fermier qui, grâce aux
ressources que nous avons mises à sa disposition, a créé
une agglomération populeuse et qui a les plus belles cultures de l'île. Inutile de dire que les premiers habitants
sont jaloux de cet homme qui, grâce à ses goûts laborieux,
réussit, tandis qu'ils jouent, amènent des troupes de
chanteurs, payent mal leurs redevances et sont toujours à
court. Dans les travaux faits par nous, ne comptez-vous pas
non plus notre usine à décortiquer, notre fabrication de
copras, nos étuves à cocons et à amandes de cocos, notre
magnanerie, notre filature, nos comptoirs ; et tout cela employant un nombreux personnel, contribue, ce nous semble,
non-seulement à la prospérité de l'île, mais encore à celle
des villages environnants de la grande terre.

« Vous nous avez fait l'honneur, monsieur l'inspecteur,
de nous parler de la visite de l'amiral Ohier à l'établissement vers le milieu de 1869. L'amiral demanda alors aux
habitants s'ils étaient plus riches, plus heureux avec nous
qu'avant notre arrivée sur l'île. Tous répondirent affirma-
tivement et pourtant rien ne les y forçait.

« Aujourd'hui, c'est bien différent : les Annamites nous
voient disposés à ne plus faire d'avances, et chacun tient
à faire son petit lot à sa fantaisie. »

Cette lettre resta sans réponse.

Le gérant voyant l'impossibilité de faire comprendre la
situation à l'administrateur, ex-membre de l'enquête, se
rendit à Saigon, dans l'espoir de montrer aux hauts fonctionnaires de la colonie qu'ils entraient dans une mauvaise
voie ; le directeur était absent ; le gérant se rendit à plusieurs
reprises auprès de M. le secrétaire général, chargé de l'in-
térim ; il pria, supplia, dit qu'il était encore temps, que le
mal fait n'était pas irréparable, puisque chez nous la mois-
son n'était pas encore terminée ; qu'avec un seul mot offi-

Voyage du gér
à Saïgon, en
vrier, pour
cher de cor
lier.

ciel de la Direction rendu public sur Nàm Thôn, annonçant que l'enquête avait fait fausse route, faute de renseignements, tout pouvait se réparer ; que sans cela il ne pouvait manquer de nous arriver de grands dommages pour lesquels nous serions obligés de demander des indemnités ; que cette affaire entraînerait des embarras pour tous et peut-être un scandale. Nos supplications furent vaines. M. le secrétaire général nous dit à plusieurs reprises que, pour lui personnellement, nous avions raison, mais qu'il ne pouvait désavouer des agents de l'Administration aussi promptement. Nous partîmes de Saïgon à sept heures du soir, à six heures et demie nous étions encore près du secrétaire général, tentant une dernière démarche restée aussi infructueuse que les précédentes.

En conscience, nous avons fait tous nos efforts pour arrêter l'Administration quand il en était encore temps !

Premiers résultats de l'enquête. Résistances et vols. Notre impuissance.

A partir de cette époque, pas un fermage ne rentre, tous les jours nous sommes victimes d'un vol ; nos buffles sont enlevés ; l'inspecteur nous ayant retiré, par sa manière de faire, toute autorité, nous sommes impuissants à nous protéger. Presque chaque jour nous nous plaignons à notre inspecteur, ou au directeur, nos plaintes restent sans effet.

Tribunal de Caï-bé. Jugements.

Nous assignons alors nos fermiers en payement de leurs fermages et des avances qu'ils ont reçues, il y a quatre ans, pour commencer les travaux de défrichement.

Cette assignation est faite devant le tribunal civil de première instance ; l'inspecteur se constitue en tribunal de commerce et rend des jugements dans lesquels l'intention hostile et malveillante perce à chacun des *attendus* et des *considérants.*

Ainsi, ce n'est pas le 17 septembre 1869 que nous avons fait des avances aux fermiers du village de Tan Son ; mais ce jour-là les comptes de ces hommes ont été réglés et les 1,695 mesures de paddy, plus les 573 francs indiqués au contrat, sont le reliquat des avances faites aux fermiers depuis notre établissement sur l'île. Jamais nous n'avons capitalisé les intérêts avec le capital déboursé primitivement — nous ne sommes pas inintelligents au point de ne pas connaître que nous n'avons rien à gagner et tout à perdre, en exigeant des redevances au-dessus des forces des contractants ; — M. l'inspecteur est donc bien mal venu en soulevant la question d'intérêts exagérés, puisque nous n'avons, dans ce cas spécial, redemandé absolument que le remboursement du capital.

Nous ne voyons pas pourquoi M. le juge s'occupe ensuite dans son jugement de discuter les clauses de nos contrats, qui n'ont nullement rapport à l'assignation, comme, par exemple, la clause qui impose à chaque groupe de fournir un coolie pour la garde des magasins.

Le juge va ensuite plus loin dans le considérant suivant : restant *dans ses idées de membre de l'enquête,* il continue à *dénaturer le sens de notre acte de propriété, qu'il a pourtant sous les yeux,* en change les termes ; par ce moyen il arrive à rétablir les limites des villages, et nous dépossède complétement.

Dans son interrogatoire il demande à chaque fermier :

— Où as-tu cultivé ?

— Dans le village de Tan Son.

— As-tu cultivé des terres de ces messieurs ?

— Ces messieurs disent que ces terres sont à eux, mais je n'ai travaillé que des terres du village de Tan Son.

Cette question posée ainsi à tous les fermiers, il se trouvait naturellement que tous avaient travaillé dans un village, et le juge concluait de cette réponse qu'ils n'avaient pas travaillé nos terres. Nous étions absolument dépossédés, même des 300 hectares qu'on voulait bien nous laisser.

Les considérants suivants brisent sans nécessité les clauses de nos contrats ; parlent de l'influence qu'a pu avoir notre titre de capitaine *à trois galons ;* or, les Annamites n'ont jamais cru obéir à un ordre de l'autorité ; ils connais-saient trop bien notre situation, et étaient trop fins pour s'y tromper. Tous les jours ils nous voyaient faire des actes de commerçants, d'agriculteurs, d'industriels ; tous les jours ils venaient eux-mêmes chez nous discuter des prix, et débattre des conditions, et n'acceptaient un marché que quand il leur avait paru avantageux.

Nous ferons remarquer ici le fait suivant comme preuve de la confiance que les Annamites avaient en nous, avant cette malheureuse affaire.

Nous avions été souvent débordés dans nos achats de cocons, de paddy, de cocos, par la masse de produits ap-portés à l'établissement. Nous manquions souvent d'argent pour payer à la livraison, à Nâm Thôn ; il nous fallait alors envoyer chercher des fonds à Saïgon. Pendant ce temps les Annamites de la province de My-tho, et de celle de Vinh-long, continuaient à nous apporter leurs denrées, et nous vendaient sur billets payables à quinze ou vingt jours. Nous avons eu en circulation pour des sommes assez importantes de ces billets, écrits *seulement en français.* Eh bien ! nous demandons si, en France, nos paysans se contenteraient pour le payement de leurs denrées de *bil-lets en chinois,* souscrits par des Chinois, établis depuis deux ou trois ans parmi eux? On peut se rendre compte, par cette simple comparaison, de la confiance, et même de la sympathie que nous avions su inspirer aux indigènes. Nous ne les trompions donc pas ainsi qu'on voudrait le persuader !

Considérants des jugements. Tous ces considérants sont évidemment placés là dans

un but hostile, et ne viennent rien changer au fond de la
question en litige qui est celle-ci : « Les habitants ou fermiers de Tan Son doivent-ils ou ne doivent-ils pas? » —
Dans le prononcé du jugement, on *autorise* les signataires
à ne pas payer les fermages jusqu'à nouvel ordre, jusqu'à
ce qu'il soit dit ce que nous possédons.

Pourquoi ce jugement que ces hommes ne demandaient
pas?

Pourquoi nous débouter de demandes que nous ne for-
mulons pas dans l'assignation?

Le jugement qui concerne nos fermiers habitants du village d'An-thui-dong est semblable.

Il faut pourtant remarquer le considérant suivant :

« Considérant que la réclamation portée par les signataires, qui prétendent que la terre dont il est question, et
pour laquelle on les oblige à payer une redevance, appar-
tient aux habitants du *village d'An-thni-dong,* et non pas
à la Société de culture, doit être prise en considération,
puisque la propriété concédée à cette Société *n'a jamais
été délimitée,* puisque par l'acte de vente l'État a concédé
une terre de *300 hectares se composant de terrains
libres.* »

Et notre juge avait notre acte de propriété sous les yeux
quand il écrivait cela !

D'abord ces habitants n'ont jamais dit que la terre leur
appartînt, et la preuve est que la veille du jugement, ils
étaient chez nous, réglaient leurs comptes de fermages, et
se mettaient d'accord avec nous. Ils ont simplement dit
comme les autres : « Je cultive dans An-thui-dong. »

Dans le jugement concernant les fermiers d'Hoa-an, trois
signataires du contrat de la ferme commune ont fui; le juge
n'admet pas que les signataires restant au nombre de cinq,

qui ont joui de la totalité des fruits, doivent payer la somme intégrale, et il ne les condamne à payer que les cinq huitièmes de la dette. Il ajoute que ces hommes sont partis par suite de mauvais traitements reçus en 1869, à la suite de l'incendie de notre usine. — Or, un de ces hommes est parti il y a quatre mois à peine, les deux autres ont été expulsés par nous après la récolte de 1869, pour faire un exemple. — Sur l'observation qu'on lui en fait, le juge répond que « ça ne fait rien. »

Procédés du juge à l'audience.

Dans ces audiences le juge ne craint pas de nous dire des choses blessantes : « Vous n'avez pas de vergogne, vous avez dépouillé les Annamites. » Nous lui demandons alors comment il se fait que nous ne nous soyons pas enrichis. Il n'en croit rien.

Dans une de ces séances le juge dit que nous avons peut-être bien acheté ceux qui nous ont vendu la terre. Nous lui disons que cette accusation est fort grave ; il ne répond rien.

A la séance suivante, à la suite d'une autre attaque du même genre, on lui rappelle ce qu'il a dit, et il répond : « Enfin il suffit de voir l'acte de vente pour comprendre qu'il y a quelque chose là dessous ; on n'a pas été assez sot pour croire qu'on ne vous vendait que 300 hectares environ ; jamais on n'a fait d'actes ainsi conçus ; il faut que le père d'un des gérants, qui était député, ait influencé les hauts personnages de la colonie. »

Cadastre.

Il est question d'envoyer un employé du cadastre opérer sur l'île ; à la direction le secrétaire général lui recommande de « ne pas se laisser influencer. » — A son arrivée à Caïbé, en causant, l'inspecteur lui dit : « Vous savez, si ces messieurs vous offrent de l'argent, acceptez-le toujours, vous viendrez me le dire après. » Dans ce cas, il nous semble que la conduite de notre juge n'est plus seulement tracassière, elle devient provocatrice. M. l'inspecteur ne se contente plus de rechercher nos *illégalités passées*, il cherche à nous en faire commettre de nouvelles.

Puis au bout de quelques jours, pour des motifs que nous n'avons pas à apprécier, il se trouve que l'employé du cadastre, auquel nous avons donné l'hospitalité chez nous, parce qu'il l'avait demandée et qu'il est malade, n'a pu commencer son travail. L'inspecteur lui annonce, dans une lettre, qu'il a demandé son renvoi de l'Administration.

A la séance suivante, le juge nous dit que nous avons mal reçu un de ses miliciens, porteur d'une lettre. Nous répondons que probablement cet homme avait été impoli (ce qui était vrai). Eh bien, dit-il, comme je ne tiens à vous rendre aucune espèce de service, désormais on ne vous portera plus vos vivres de Vinh-long à Caï-bé ; — j'avais aussi l'intention d'empêcher de vous remettre vos lettres, mais je ne sais pas si j'en ai le droit ; je vais le demander. En effet, pendant deux jours nous fûmes privés de vivres, et ce n'est que sur la vue de l'ordre formel du Gouverneur que M. l'inspecteur daigna céder à nos plaintes.

Il nous semble qu'on pourrait être en discussion administrative ou judiciaire, avoir des procès avec les Annamites, sans s'attirer des mesures aussi vexatoires.

Ce jour-là notre juge nous dit : « Vous avez aussi détourné mon géomètre de ses devoirs. — Comment cela ? On ne détourne pas ainsi un géomètre, qui est chargé de mesurer et non de faire les parts ! Une chaîne d'arpenteur est une chaîne, et un mètre est toujours un mètre. Puis comme l'inspecteur ne répondait pas, « à moins toutefois, ajoutâmes-nous, qu'on ne donne à cet employé 3 ou 4,000 francs pour mesurer avec un mètre de 0,90. —

C'est justement ce que je voulais dire, » répond l'inspecteur. On n'est pas plus aimable !

Que faire quand on a à lutter contre un tel parti pris, contre une telle passion ?

Un des inspecteurs, qui précédèrent notre juge, nous fit rentrer dans quelques créances. Le gérant actuel ne l'a jamais connu ni vu ; or, à l'audience le juge lui dit : Tenez, voici un jugement de l'un de mes prédécesseurs, et voici ce que je mets au-dessous — les pièces étaient enlevées, puisque le jugement avait été exécuté, et, sur la chemise, seul reste du procès, était écrit : « le nommé *un tel* est en fuite, le village payera. » Notre juge avait écrit au-dessous en grosses lettres : « *Ce jugement est infâme !* » Le gérant répondit : « Vous avez peut-être tort de vous prononcer légèrement, vous n'avez pas les pièces en mains ; il se peut que différents notables aient endossé le billet, et qu'ils aient été condamnés comme solidaires de la dette.

L'expression « le village payera » peut donc être une expression sommaire, fausse dans un jugement, bonne comme aide-mémoire sur la chemise d'une affaire, pour se rappeler que des notables de ce village sont endosseurs. En tout cas c'était un de vos collègues, et il est mort. »

M. le secrétaire général.

L'Administration centrale ne reste pas du reste en arrière des procédés bienveillants de M. l'inspecteur à l'égard de notre Société.

Nous avons déjà établi comment elle avait dirigé l'enquête contre nous, après nous avoir promis « de faire examiner les différends survenus entre l'inspecteur et notre Société. »

Voici un autre fait qui établira clairement la ligne de conduite qu'elle adopte à notre égard.

M. le secrétaire général demande par écrit, à propos du taux de l'intérêt, quelques renseignements à M. le chef de la justice indigène. Après quelques observations sur la compétence des divers tribunaux, M. le chef de la justice indigène écrit cette phrase :

« Monsieur l'inspecteur étant seul juge peut réduire le taux de l'intérêt autant qu'il le jugera convenable !!! ...., puis il démontre qu'il ne le peut. »

M. le secrétaire général cite cette phrase à M. l'inspecteur de Caï-bé, oublie les points d'exclamation, met deux lignes de points, et termine là sa lettre.

Voilà donc l'inspecteur persuadé qu'il peut réduire le taux de l'intérêt à sa guise ! Nous sommes totalement à sa merci ! Nous avons heureusement l'idée de réclamer, et nous obtenons des explications.

Guidé par les instructions de M. le secrétaire général l'inspecteur rend des jugements, où il réduit arbitrairement à 10 % par an le taux de l'intérêt.

Ces jugements sont rendus hors de notre présence, sans assignations de notre part. Les débiteurs condamnés sont invités à venir porter dans huit jours les sommes fixées ; les jugements sont rédigés, signés, le jour choisi par l'inspecteur pour l'exécution étant celui où nous-même devions venir présenter une autre affaire ; à un moment donné le juge nous annonce qu'il a rendu deux jugements, nous en donne lecture, et ajoute que les hommes sont convoqués pour payer le jour même.

Dans un des considérants de ces jugements, il était dit : « Vu que le taux de l'intérêt est exorbitant, réduisons le taux à 10 %. »

Nous nous levâmes alors pour dire au juge : « Nous serions satisfaits de rentrer dans le capital, mais nous n'accepterons jamais d'avoir la main forcée par un considérant semblable. Vos jugements du reste seront cassés, puisqu'ils ne sont ni contradictoires, puisque nous étions absents, ni par défaut, puisque nous n'avions pas été appelés. Nous demandons d'ailleurs copie de vos jugements.

Le juge s'apercevant que nous avons raison, nous répond :

Mes jugements ne sont pas définitifs ; si vous voulez, on peut les annuler, ce ne sont que des brouillons, des projets et rien de plus.

— Comment! pas définitifs, quand les parties ont été condamnées, il y a huit jours à payer aujourd'hui !

Par le plus grand des hasards, on nous remet dans une liasse nous appartenant, quelques jours après cet incident, la minute portant le n° 3, et la date du 25 février avec la signature de l'inspecteur, et le jugement lui-même, signé aussi du juge.

Ferme de Thuong.   Nous citerons encore un dernier fait.

Nous avions assigné les gens d'une ferme de formation récente en payement de leurs redevances. Ces Annamites ne payaient pas uniquement parce qu'ils voyaient les autres fermiers autorisés à ne pas payer.

Devant le tribunal, le fermier principal, Thuong, reconnaît devoir son fermage, et se déclare prêt à payer. Bien qu'ils soient trois associés dans cette ferme, et qu'il n'y en ait qu'un seul présent, le juge déclare cette fois·celui-là seul responsable, et condamne Thuong à payer le prix intégralement fixé, et non pas le tiers seulement comme il avait jugé pour les fermiers d'Hoa-an.

Thuong en partant est inquiet ; il demande enfin *si cette affaire lui retire la ferme pour l'année prochaine.* La seule crainte de cet homme est de ne pas conserver l'exploitation du domaine que nous lui avons confié. Ce n'est donc pas notre titre de capitaine à trois galons qui nous attire des fermiers, mais bien les avantages que nous leur faisons.

Disons en effet en terminant que, tandis que nous employons les hommes dans les champs ou dans les barques, leurs femmes travaillent à la filature, à raison de 60 centimes par jour et leurs enfants à raison de 40 centimes.

Nos fermiers sur Nâm Thôn cultivent environ 500 hectares de rizières, et les redevances sont fixées à dix mesures par hectare, soit environ 2,000 hectolitres de paddy, qui à 5 francs par hectolitre ne donnent guère qu'un revenu net de 10,000 francs, tandis qu'à Tan-an 210 hectares de rizières nous donnent, impôt déduit, 7,000 francs; de plus à Nâm Thôn nous abandonnons gratuitement les produits des plantations d'aréquiers et de cocotiers à nos cultivateurs.

Le secret de ces contradictions apparentes, le voici, et nous le développons sans en rien cacher, parce qu'il peut servir d'enseignement à d'autres qu'à nous, et l'Administration coloniale elle-même peut y puiser une leçon. L'Européen en venant s'établir dans un pays malsain, où il ne peut pas vivre longtemps sans compromettre sa santé, doit-il se traîner dans la routine indigène, ou bien entreprendre ce qui convient à sa nature plus ardente, plus généreuse, à ses aptitudes variées, à ses connaissances acquises? L'hésitation n'est pas permise, et voilà pourquoi laissant aux indigènes la culture du riz, *la culture vivrière*, qui convenait naguère encore à l'état social d'un peuple privée de communications avec ses voisins, et qui avait à redouter la disette, nous avons cherché le progrès agricole dans une voie nouvelle; nous avons voulu, par tous les sacrifices possibles, appeler sur notre principal domaine une population nombreuse, qui pût nous seconder activement. Notre système était en pleine voie de réussite sur Nâm Thôn, qui, n'en déplaise à Messieurs les inspecteurs et autres personnages de la direction de l'Intérieur, pouvait montrer, il y a six mois à peine, avec quelque orgueil, ses

300 hectares de jardins de cocotiers, de mûriers et d'aréquiers, qui l'entouraient d'une ceinture verdoyante, et abritaient des ardeurs du soleil les habitations de ses 1,500 colons. Voilà le secret de notre indulgence ; voilà pourquoi nous avions sacrifié le présent à l'avenir.

La colonie végétera par la culture unique du riz ; elle deviendra riche et prospère, quand la canne à sucre, le cacaoyer, le vanillier, le mûrier, le cocotier, l'indigotier, le cotonnier et les autres plantes des contrées tropicales auront dans son système d'agriculture la place qui leur convient logiquement.

Les Européens, par leur initiative, leur intelligence et leurs capitaux, sont seuls aptes à donner à ces riches cultures un essor énergique. Les Annamites, les Chinois profiteront de leurs leçons et les suivront dans la voie tracée, mais qu'ils se résignent pour le moment à n'être que des instruments, que des machines !

Voilà ce que MM. les administrateurs devraient comprendre, ce qu'ils auraient dû comprendre depuis longtemps, et, au lieu de décourager par des taquineries et des vexations inutiles, de faire des procès de tendance aux Européens qui sont venus courageusement indiquer la voie, ils les auraient aidés, soutenus, protégés dans l'œuvre difficile que ces pionniers sont venus tenter d'accomplir en Cochinchine.

Quant à nous, nous avions conçu notre entreprise agricole dans l'ardeur et l'enthousiasme des idées désintéressées de la jeunesse. Aujourd'hui fatigués, malades, dégoûtés par une lutte incessante et les attaques injustifiables de ceux-là mêmes qui devaient nous protéger, nous réclamons le prix de notre temps, de nos peines, de nos santés ruinées ! Nous ne nous étendrons pas plus longuement sur les faits qui sont venus entraver la prospérité de notre établissement, ils sont trop nombreux, ils se ressemblent tous, et ont tous la même origine.

Nous maintenons donc qu'on a causé à notre Société un dommage réel et considérable, et nous vous proposons d'en poursuivre le redressement par tous les moyens légaux, soit en attaquant l'administration coloniale, soit en attaquant directement ses agents, devenus parfaitement responsables de leurs fautes et de leurs actes, par suite de l'abolition de l'article 75 de la constitution de l'an VIII.

Les griefs dont nous demandons réparation, sont nombreux, clairement attestés par les faits déjà cités, dont nous sommes en mesure d'établir l'exactitude absolue, et consistent en résumé :

1° A ne pas nous avoir accordé la protection légale qui nous était due, en ne faisant pas respecter nos transactions avec les Annamites et les Chinois;

2° A nous avoir enlevé toute autorité sur nos fermiers et sur tous nos serviteurs à gages;

3° A avoir porté atteinte à la juste considération des indigènes à l'égard des employés européens de la Société;

4° A avoir envoyé à nos fermiers des ordres administratifs pour ne pas accomplir tout ou partie des clauses de nos contrats;

5° A avoir encouragé la désertion en masse de nos engagés à l'année, en ne condamnant même pas au remboursement des avances reçues ceux d'entre eux qui allaient occuper un emploi *rétribué* par le gouvernement colonial;

6° A nous empêcher aujourd'hui, par suite des dénis de justice que nous avons dû supporter, de prendre de nouveaux engagés à notre service, parce que rien ne pourrait les empêcher de faire comme les précédents;

7° A avoir par un procédé inqualifiable dirigé contre nous une enquête administrative, après nous avoir promis et écrit que cette enquête devait simplement examiner « les différends survenus entre la Société et l'inspecteur du Kien-dang ; »

8° A avoir contesté nos droits à la propriété de Nâm Thôn, dont nous avions joui paisiblement jusqu'alors ;

9° A avoir excité les Annamites contre nous, en leur faisant comprendre la possibilité de devenir propriétaires à notre place ;

10° A avoir fait procéder arbitrairement, malgré nos protestations, à des coupes d'arbres sur notre domaine ;

11° A avoir égaré, perdu ou laissé détourner partie de nos créances remises à plusieurs inspecteurs ; à avoir laissé depuis plus de trois ans de nombreuses affaires sans les juger, ce qui a permis à nos débiteurs de mourir, de se rendre insolvables ou de fuir, vu la facilité avec laquelle les Annamites se déplacent ;

Et comme conséquence des griefs précédents :

12° Une magnifique situation agricole, commerciale et industrielle perdue, ou du moins impossibilité bien démontrée de pouvoir la rétablir avant longtemps :

Tous dommages dont l'Administration et ses agents sont solidaires et que nous allons évaluer :

	fr.	c.
1° Délaissement sur le terrain faute de bras et vol par les Annamites de nos récoltes pendantes, rizières, mûriers, bananiers.....		
Rizières. — 15 hectares cultivés par nos coolies, qui allaient donner une récolte de 60 mesures à l'hectare, soit 900 mesures à 2 francs l'une . . .	1,800	»
Mûriers. — Trois récoltes de feuilles perdues ; nous aurions peut-être pu vendre la première, mais à cause de l'envahissement des herbes per-		

A reporter. . . . . . . 1,800 »

	fr.	c.
Report.	1,800	»

sonne n'a voulu l'acheter de peur des tigres qui s'étaient établis dans les plantations, et en sortaient pour venir jusqu'à notre cuisine enlever nos chiens et nos porcs . . . . 600 »

Bananiers, cannes à sucre et divers. . . . . . 350 »

2° Abandon par les fermiers de tous les travaux d'entretien, de nos plantations anciennes et nouvelles de cocotiers, aréquiers, mûriers, bananiers, orangers, calophyllums et autres, dont les plus récentes ont été complétement envahies par les herbes et détruites. On jugera plus exactement l'étendue de nos pertes quand on saura que ces jardins comprennent uniformément des fossés d'un mètre de largeur et d'une profondeur égale, écartés de 2^m 50 l'un de l'autre. Les terres de ces fossés sont rejetées en ados des deux côtés, et sur ces ados sont établies les plantations. C'est un immense travail qui a besoin d'un entretien constant, surtout dans nos terrains bas et périodiquement inondés par les hautes marées, où, comme les eaux sont constamment douces et potables, il se produit un développement extraordinaire des végétations ligneuses et herbacées.

Nous sommes, certes, bien au dessous de la vérité en n'évaluant les pertes occasionnées à ces jardins par le manque d'entretien ordinaire qu'à 100 francs par hectare, surtout si on veut noter qu'au bout de cinq années les plantations entrant en rapport, la valeur de l'hectare de ces jardins dépasse, quand ils ont été bien entretenus, plus de 2,500 francs. Beaucoup de ces plantations d'un an, deux ans et trois ans ont été étouffées. Perte subie pour 300 hectares . . . . 30,000 »

3° Éclosion de 40 cartons graines du Japon dont l'éducation n'a pu être poursuivie, faute de main-

A reporter.	32,750	»

fr.   c.

Report. . . . . . . 32,750 »

d'œuvre. Impossibilité de profiter de notre magnanerie que nous venions de réorganiser sous la direction de deux contre-maîtres du département de la Drôme. Dégradation d'un matériel inoccupé et non entretenu.

40 cartons graines du Japon éclos et perdus. .   1,165 50

Dépréciation du matériel de la magnanerie . .   400 »

Valeur locative de la construction . . . . . .   135 »

Manque à gagner sur l'éducation : un carton donnant au minimum 30 kilogrammes de cocons verts. 40 cartons auraient donné 1,200 kilogr. à 4 fr. 50 l'un, soit 5,400 francs. Même en achetant la feuille de mûrier, le bénéfice net perdu ne saurait être inférieur à . . . .   800 »

4° Suspension indéfinie du travail de notre filature de cocons, les ouvrières ayant accompagné leurs maris déserteurs, et le personnel français dirigeant l'atelier restant inutilement à la charge de notre Société.

Notre atelier comprend 25 bassines. Chaque fileuse produisant en moyenne 200 grammes par jour, nous fabriquions 5 kilogr. revenant, l'un, à 45 francs rendu en France et vendu 60 francs, d'où perte de 15 francs par kilogramme, ou 75 francs par jour de chômage. Impossibilité de reformer promptement un nouvel atelier, même eussions-nous un autre personnel, puisque c'est une nouvelle éducation à refaire pour chaque ouvrière. Il nous reste également des cocons non filés de la dernière récolte, et la campagne commence sans que nous osions, malgré les offres des indigènes, acheter des cocons, que nous craignons de ne pas pouvoir faire filer.

Dommage apprécié. . . . .   20,000 »

A reporter. 52,250 50

	fr.	c.
Report.	52,250	50

Solde d'un contre-maître à 333 francs par mois pendant 6 mois.

Nourriture et logement du même à 111 francs pour la même période. . . . . — 2,664 »

5° Les fermages et les avances faites par nous à nos fermiers perdus, les premiers par suite de jugements de l'inspecteur que personne ne sollicitait ; désertion en masse de nos engagés à l'année, conséquence des mesures administratives.

Cette ferme devait, pour avances faites à la culture en 1867, 695 mesures de paddy à 2 francs l'une, soit. . . . . — 1,390 »   *Ferme de T... Son.*

Avances pour plantations de mûriers et autres, reliquat encore dû . . . . — 573 55

Fermages non payés, 1,400 mesures à 2 francs. — 2,800 »

Redoit comme avances de 1867 et années suivantes :   *Ferme de T... Qui..*

1,360 mesures de paddy à 2 francs. . . . . . — 2,720 »

Fermages 400 mesures. . . . . — 800 »

Anciennes avances, 1,335 mesures. . . . . . — 2,670 »   *Ferme d'An-T... Tay.*

Fermages 530 mesures, mais elle a payé 95 mesures. Elle reste devoir 435 mesures. . . . . — 870 »

Anciennes avances, 323 mesures. . . . . . . — 646 »   *Ferme d'An-T... Dong.*

Fermages, 554 mesures. . . . . — 1,108 »

Avances à la culture, 710 mesures ; ce chiffre est bien ce que doit cette ferme, mais il paraît que les fermiers nous ont trompés en faisant la traduction annamite du contrat ; ce dernier porte 720 francs et 152 mesures de paddy ; en adoptant ces chiffres, en tout. . . . . — 1,024 »   *Ferme d'Hoa-...*

| *A reporter.* . . . . . . | 72,516 | 05 |

	fr.	c.

Report. 72,516 05

erme de Thuong. Redoit comme fermages et location de buffles, 160 mesures. . . . . 320 »

Ferme de Tay. Redoit comme fermages et location de buffles, 100 mesures. . . . . 200 »

Anciennes avances, 40 mesures . . . . 80 »

Divers autres petits fermiers, cultivant des parcelles de moindre importance, à 10 mesures par hectare et dont nous avons les contrats. Non-seulement ces gens n'ont pas payé, mais ils sont allés réclamer les terres à l'inspecteur, après que l'enquête eut mis en question nos droits à la propriété ; or, ces gens habitent l'île depuis un an !
Doivent 253 mesures. . . . . 506 »

Ferme d'Hoa-lang. Notre fermier Sanh qui dirige l'exploitation d'Hoa-lang, avec activité et intelligence, n'a pu lui non plus payer tous ses fermages, parce que à la suite de l'enquête les gens de l'île ont contrarié ses récoltes ; nous avons encore perdu 200 mesures. . . . . 400 »

Coolies déserteurs. 73 hommes engagés à l'année, et dont un grand nombre étaient à notre service depuis plus de trois ans, ont quitté l'établissement à la suite de l'enquête, nous dérobant diverses sommes avancées individuellement à chacun d'eux, et formant un total de 1,460 fr. 35, dont nous fournirons le détail si besoin est. 1,460 35

En outre 23 femmes, bonnes ouvrières, ont accompagné leurs maris déserteurs ;

6° 500 hectares de rizières en plein rapport abandonnées, les Annamites qui les cultivaient se voyant aujourd'hui contraints de payer leurs fermages, ce qu'ils ne peuvent plus faire ayant gaspillé

A reporter. 75,482 40

fr.   c.

Report. 75,482 40

l'argent provenant de la vente de leurs récoltes qui étant fort belles cette année, leur auraient permis de se libérer d'une grande partie de leurs dettes, et par conséquent de commencer la campagne prochaine dans de bonnes conditions.

Pour évaluer notre perte nous sommes obligés de faire entrer en ligne de compte :

1° La perte presque absolue de la récolte en 1872, le temps nous manquant pour appeler de nouveaux fermiers. . . . . 10,000 »

2° La moins-value du sol qui restant une année au moins en friche, sera de nouveau envahi par les joncs, les érythrées, et autres plantes qu'on ne pourra extirper que par de patients efforts ; cette moins-value ne peut s'évaluer à moins de 30 francs par hectare. Nous devons ajouter même que si ces terres restaient plus d'une année en friche la perte que nous éprouverions serait de plus de 120 francs par hectare, parce qu'alors les palétuviers et les arbres épineux qui y croîtraient nous obligeraient presque à de nouveaux défrichements.

Nous ne parlerons pas non plus de la perte sérieuse que nous occasionne la fuite de nos fermiers, en arrêtant le débroussaillement et la préparation de mise en culture de partie des 250 hectares de broussailles qui sont encore incultes sur l'île ; ce travail eût été fort avancé dans la campagne prochaine, puisque la superficie des terrains envahis par les broussailles, ajoutée chaque année à la culture, donne une moyenne de 140 à 150 hectares. Ce travail se faisait sans aucun frais pour nous, chaque nouveau colon en entreprenait une certaine étendue, d'après les ordres de nos fermiers, sous notre direction supérieure.

Soit pour les 500 hectares à 30 francs. . . . . . 15,000 »

A reporter. 100,482 40

fr.   c.

Report 100,482 40

7° Les travaux d'appropriation d'un terrain de 14 hectares perdus, le moment favorable pour y repiquer des boutures de mûriers étant passé.

Ce défrichement, fait avec le plus grand soin par nos coolies, comprenait un système de drainage complet à ciel ouvert. Faute de main-d'œuvre, nous n'avons pu ni tailler nos mûriers ni faire des boutures, et notre terrain préparé à grands frais se trouve inoccupé.

Or, 14 hectares préparés et laissés en friche à 96 francs pour chaque coupe de feuilles de mûriers ordinaires (et nous ne pensons pas qu'il soit possible d'en trouver de plus beaux que les nôtres) à trois coupes par an, donnent une perte, pour 14 hectares, de 4,032 francs, dont il faut pourtant déduire les frais d'exploitation pour une année qui ne sont pas moindres de 1,500 francs; reste comme perte . . . . · 2,532 »

Perte sur les travaux d'endiguement et de drainage qui devront être refaits en partie au moment de la plantation l'année prochaine. . . . . 500 »

8° Les aréquiers, calophyllums et autres arbres que nos fermiers se sont empressés de couper (ce qui leur était formellement défendu) pour les vendre sur divers marchés de la grande terre, pendant qu'ils se sont crus ou qu'ils ont paru se croire propriétaires, de par les ordres de l'inspecteur et du directeur de l'Intérieur.

Une simple visite faite dans les fermes de Tan-Son, d'An-thui-dong, d'An-thuy-tay et d'Hoa-an, nous a permis de constater la disparition de plus de 2,500 pieds d'essences diverses, et principalement de celle de calophyllum qui est très-recherchée des Annamites pour la construction des mai-

A reporter 103,514 40

fr.   c.

Report. 103,514 40

sons. Nous croyons rester bien en deçà du dommage causé en ne l'évaluant qu'à.   5,000   »

9° Soixante calophyllums de 80 centimètres d'équarrissage l'un, abattus par l'ordre de l'inspecteur, sur notre propriété. Ces arbres fournissaient en abondance une noix dont les Annamites extrayaient une huile estimée pour l'éclairage.

Ainsi il ne faut pas considérer seulement la perte de l'arbre. C'est le revenu en fruits qui constitue le dommage le plus irréparable ; pourtant nous ne réclamons que 10 francs par pied, bien que le revenu annuel soit de 2 fr. 50 c. ou 3 francs. Soit pour les arbres   600   »

10° Nos gardiens de magasins, au nombre de sept, déliés de leurs engagements, ce qui nous a laissés à la merci des voleurs, qui en ont usé pour nous dérober une masse d'objets divers, dégrader des machines pour en extraire différentes pièces en fer. Perte estimée à.   900   »

11° Quatre buffles volés pour les mêmes causes que ci-dessus, pendant la période du bon plaisir administratif.   400   »

12° Les dégâts causés par le non-entretien à nos constructions, terrassements, sentiers, chemins, canaux, ponts, quais, cales de halage pour les jonques, sur une île de plus de 15 kilomètres de longueur, coupée de canaux en tous sens   1,900   »

13° L'intérêt de la commandite et les frais généraux de notre Société pendant la même période. Nous sommes obligés d'y faire face quand même, sans compensations ; c'est donc pour nous une perte nette de.   20,840   »

Comprenant :

1° Un intérêt de 5 p. 100 sur 233,600 francs ;

____

A reporter. 132,154 40

fr.   c.

Report. 132,154 40

2° Un intérêt de 7 1/2 p. 100 sur 19,280 francs ;

3° Les frais de nourriture, de domestiques, et divers du personnel ;

4° La solde du personnel européen ;

5° Et divers ;

15° La dégradation de notre matériel flottant comprenant six grandes jonques de charge et trois de course, dont une n'ayant pu être mise à sec à temps, a coulé dans un arroyo et est hors de service.

Le matériel flottant représente un capital de 7,074 fr. 05 c. Il s'amortit à 20 p. 100 par an, soit pour six mois 10 p. 100. . . . .   707 40

La barque perdue valait. 298 10

15° La valeur locative de ce matériel au moment de l'année où il est le plus recherché perdue :

Une barque à 12 avirons se louant mensuellement. 166 50

Une barque à 11 avirons se louant mensuellement 138 75

Une barque à 9 avirons se louant mensuellement . . . .   111 »

Deux barques à 8 avirons se louant mensuellement 166 50

Une barque à 4 avirons se louant mensuellement . . . .   55 »

Total. 637 75

Pour six mois. 3,826 50

À déduire location de la barque coulée pendant 4 mois, 4 × 83,25 . .   333 »

Soit une perte de 3,493 50   3,493 50

A reporter. 136,653 40

fr.   c.

Report. 136,653 40

16° Ne pouvant nous tenir, faute de coolies pour armer les jonques, en communication avec nos comptoirs du fleuve postérieur, nous avons dû les abandonner à eux-mêmes. Nous avons ainsi perdu des constructions en paillottes qui nous coûtaient :

A Bay-xay, case de 28 mètres de longueur, 6 mètres de largeur, 4ᵐ50 de hauteur. 721 50

A Daï-ngay, terrassement de 70 mètres de long et 15 mètres de large, hauteur 80 centimètres . .   721 50

Constructions, mains-d'œuvre et matériaux . .   1,554 »

Tout le monde sait qu'en Cochinchine une case en paillottes, abandonnée à elle-même, tombe en ruines au bout d'un an.

17° La cessation absolue de nos achats de paddy dans ces comptoirs et ceux de Buom-boc et Tra-cu, où, dans la période correspondante de l'année dernière, c'est-à-dire de décembre à mai, période toute de première installation, nous avions acheté pour 63,458 francs de cette denrée, ce qui nous avait fourni un bénéfice de 15,864 francs. Cette année, nos achats auraient été quatre fois plus considérables, et comme la campagne de paddy a été fort lucrative en Cochinchine, nous avons, certes, perdu par la cessation complète de ces affaires . . . .   45,000 »

18° Un de nos agents chinois du fleuve Postérieur, que nous ne pouvions plus surveiller, prenant la fuite et emportant, en numéraire et marchandises, une valeur de . . . .   2,536 »

Savoir :

Argent. . . .   231 fr. »

Cotonnades . . .   2,305   »

A reporter. 187,186 40

fr.   c.

Report. 187,186 40

19° Le recouvrement, désormais impossible à effectuer, des paddys achetés dans nos comptoirs sur récoltes pendantes, antérieurement à l'intrusion de l'administration dans nos affaires.

Notre comptoir de Buom-boc nous redoit environ 2,000 mesures de paddy, qui auraient été livrées si nous avions pu nous rendre sur les lieux. Valeur perdue.   4,000   »

Pour les mêmes raisons nous avons perdu, dans notre comptoir de Tra-cu :

Avances faites pour acheter du paddy (cotonnades) 1,567 15

Avances faites pour acheter du paddy (numéraire)   247   »

Redevait de la dernière campagne 396 mesures de paddy   792   »

20° Nos échanges et ventes de cotonnades arrêtés dans tous nos comptoirs où, dans la période de décembre à mai de l'année dernière, nous avions écoulé, savoir :

Décembre 1870 . . fr.	22,627	64
Janvier 1871	11,421	»
Février »	6,681	»
Mars »	14,997	11
Avril »	12,059	25
Mai »	35,905	60

Total des cotonnades vendues ou échangées dans la période correspondante de 1870-71, où souvent le manque de marchandises avait arrêté nos opérations. . . . . fr. 103,693 60

A reporter. 193,792 55

fr.   c.

Report 193,792 55

Nous avions pris nos dispositions pour développer nos affaires sur les cotonnades, de telle sorte que la marchandise ne nous eût pas manqué, et l'écoulement eût certainement triplé. Nous avons été complétement paralysés par les mesures administratives, et nous avons dû cesser nos importations, en présence d'un stock de 245,000 francs. Nous ajouterons que nous avons dû écouler à perte un lot de 30,000 francs à Cholon, pressé par nos engagements, et voyant l'impossibilité absolue de continuer nos ventes dans l'intérieur.

Dans l'évaluation des dommages qui nous ont été causés par l'administration, nous ne supposerons que le même écoulement de cotonnades qu'en 1870-71, et un manque à gagner de 12 0/0, qui est inférieur à la moyenne des bénéfices que nous faisons dans nos comptoirs du fleuve Postérieur.

Ainsi : 1° Manque à gagner sur une vente de 103,693 francs, en supposant un bénéfice de 12 0/0   12,443   »

2° Pertes d'intérêts, assurances contre l'incendie, chances d'avaries, magasinage et autres frais sur un stock de 215,000 francs, 5 0/0.   10,750   »

3° Enfin les cotonnades qui valaient dans l'intérieur, au mois de décembre, 18 francs la pièce pour les 8 4, ne valent plus, en ce moment, que 14 fr. 73, ce qui représente, les autres sortes ayant subi une baisse analogue, une perte nette de 18 0/0, sur un stock de 215,000 francs   38,700   »

21° Suspension de nos achats de cocos, arrêt de notre fabrication de copras, perte d'un marché, où les Annamites se rendaient, même du bas du Ham-luong et du Go-kien.   10,000   »

2° 23,500 kilogrammes de copras fabriqués n'ont pu, pendant plusieurs semaines, ni être soi-

A reporter 265,685 55

fr.   c.

Report 265,685 55

gnées et aérés comme la saison le comportait, ni être expédiées en janvier pour Marseille, comme nous devions le faire sans la désorganisation complète de nos affaires. Nous avons pu enfin les faire mettre par quelques enfants dans une de nos jonques, qui est restée devant l'établissement, chargée, pendant plus de *quatre semaines*, sans que nous ayons pu, malgré tous nos efforts, trouver quelques hommes pour l'armer. Arrivées enfin à Saïgon, ces copras étaient déjà fort avariées, et nous avons dû les expédier par grande vitesse pour éviter la pourriture complète qui les aurait envahies, si nous avions choisi pour elles la voie du cap, et un navire à voiles. La perte sur la qualité de la marchandise, le supplément de fret par grande vitesse, ne sauraient être évalués à moins de . . . . 1,550 »

23° Obligation pour le gérant et les employés d'être sans cesse en course pour poursuivre le redressement des abus administratifs, d'où retards apportés à l'expédition des autres affaires de la Société, parmi lesquelles nous citerons surtout l'impossibilité, depuis le mois de décembre, de mettre la comptabilité à jour, établir l'inventaire en février, etc.

Nous apprécions ce grief avec le suivant.

24° Les fruits d'un travail assidu, poursuivi avec énergie pendant cinq années, compromis pour une période dont il est impossible d'apprécier la durée en admettant même que les gérants découragés et malades aient la volonté et les forces nécessaires pour tenter de réparer un tel désastre, et que les commanditaires ne se lassent pas de tant d'efforts infructueux et n'exigent la liquidation ; enfin le crédit de la Société fortement ébranlé. . . . . 100,000 »

A reporter 367,235 55

Report. 367,235 55

En résumé ma propriété de 1,100 hectares
déjà peuplée, redevenue déserte ; quatre comptoirs
en pleine prospérité abandonnés ; une filature de
cocons, une magnanerie, une fabrique de copras,
et tous leurs accessoires devenant inutiles ; des
transactions importantes sur les cotonnades et les
paddys compromises, peut-être pour toujours : tel
est le bilan des dommages dont nous demandons
la réparation à l'administration coloniale, qui les a
voulus et *poursuivis* pendant six mois, et qui
sont certes bien au dessous de la réalité en étant
arrêtés à un total de. 367,235 55

Cu lao Nâm Thôn, 10 mai 1871.

NOTE DU 26 MAI 1871.

Depuis que ce rapport est écrit, l'Administration a bien
voulu reconnaître nos droits à la propriété. *Il est fâcheux
qu'elle n'ait pas consenti à le faire en décembre, alors
que tout pouvait encore se réparer.*

Maintenant, malheureusement pour tous, les dommages
sont faits, et il nous est complétement impossible, malgré
toute notre bonne volonté, de réparer les torts causés à
la Société. Nous avons toujours été conciliants, c'était
notre intérêt ; mais comment ne pas nous défendre devant
des attaques poursuivies avec une légèreté injustifiable ?

Aujurd'hui nous sommes bien forcés de dire que notre
année est totalement perdue, que l'année prochaine est com-
promise, et que la dernière évaluation de nos pertes devient
de plus en plus au-dessous de la réalité ; si le mouvement

commencé sur Nâm Thôn ne peut s'arrêter, nos pertes dépasseront 500,000 francs.

Les Annamites partent en masse, coupent tous nos arbres, emportent tout ce qu'ils peuvent, et volent tous nos buffles.

Si nos plaintes formulées de vive voix et par écrit, et que tous les fonctionnaires de la colonie ont pu connaître, avaient été entendues, nous serions encore paisibles et oubliés à Cu lao Nâm Thôn, et l'avenir de notre Société serait assuré.

Copie d'une lettre écrite par MM. Taillefer et Cie au gouverneur de la Cochinchine.

Cu lao Nâm Thôn, 9 juin 1871.

Monsieur le Gouverneur,

Nous vous prions de vouloir bien nous permettre de vous tenir au courant de la situation de l'établissement, depuis le retour du gérant et l'affirmation de la propriété. Nous sommes rentrés de Saïgon avec la ferme intention de tout concilier, et d'arrêter, autant qu'il serait en notre pouvoir, toute discussion et tout nouveau désastre.

Pour cela, bien que très-difficile, notre ligne de conduite était toute tracée; il fallait ne rien brusquer et agir avec une grande prudence et une grande modération.

Notre nouvel inspecteur, en même temps, suivait la même voie; et faisait des efforts pour essayer de sauvegarder les intérêts de chacun. Malheureusement il était trop tard, nos fermiers étaient lancés, et il devenait impossible de les arrêter.

Bien qu'ayant tout fait pour éviter ces nouveaux embarras, nous les avions prévus et annoncés dans le rapport que nous avons eu l'honneur de vous remettre il y a deux mois.

Toute notre population, fermiers principaux en tête, nous a abandonnés, et il était tout à fait impossible qu'il en fût autrement : et nous avions réussi à appeler sur notre propriété 1,500 âmes !

Ainsi, nos fermiers ont reçu avis administrativement de ne pas payer les fermages jusqu'à nouvel ordre — ce nouvel ordre a duré six mois ! Pendant ce temps il y a eu hausse sur le riz, les fermiers en ont profité pour vendre leurs récoltes : puis, se croyant réellement propriétaires, ou du moins faisant semblant de s'y croire à tout jamais, ils ont dépensé leur argent.

Ils se sont donc présentés à nous sans moyens de payer les fermages et les avances à la culture dues. Or, les autres années, nous avions pu composer avec eux et leur remettre partie des fermages échus. Cette année nous ne le pouvions en vérité, car c'était faire une nouvelle transaction, annuler les précédentes, et l'Administration, lors de notre demande de dommages-intérêts, aurait pu nous dire que nous n'avions plus rien à réclamer, puisque nous avions transigé. Nous étions donc forcés de leur dire, en leur donnant des explications, que nous exigions tout et que nous ne pouvions leur donner de temps au delà des époques fixées par les jugements. Nous ajoutions pourtant : « Payez ou ne payez pas, nous dirons que vous n'avez pas payé, voilà tout ! mais rentrez et recommencez à travailler, en ne faisant plus semblant d'ignorer, cette fois, que la propriété est bien définitivement à nous. » Jamais ils n'ont voulu croire que, dans ce cas, la loi française ne nous accorde pas la contrainte par corps ; ne pouvant payer, ils ont craint la prison, et se sont enfuis.

Seulement, en partant, ils volent nos buffles ; depuis le retour du gérant beaucoup de ces animaux ont été volés : deux il y a quatre jours, deux autres avant-hier, en plein midi, en frappant nos gardiens et très-près de notre maison. Étonnés d'une pareille audace, nous demandâmes comment ils osaient ainsi voler en plein jour ? On nous répondit : « Oh ! messieurs, c'est que la nuit ils ont peur des tigres ! »

Dans une des lettres que vous nous avez fait l'honneur de nous adresser à Saïgon, au sujet d'un vol de buffles dont nous nous plaignions, vous avez bien voulu, Monsieur le Gouverneur, nous écrire ainsi : « Quant au vol des buffles que vous m'annoncez, vous ajoutez que le gérant se rend à Cai-bé pour s'en plaindre à l'inspecteur. M. l'inspecteur fera évidemment les recherches en son pouvoir, etc. » Eh bien, deux fois nous avons écrit à M. l'inspecteur pour des vols de buffles, et deux fois nos lettres *sont restées sans réponse*.

Ainsi, nous sommes bien abandonnés et livrés au pillage ! Voilà le résultat de nos efforts incessants, depuis quatre ans et demi ! Après avoir appelé à grands frais une population nombreuse, nous la perdons, à cause de la situation dans laquelle on a placé ces gens en leur disant qu'ils seraient propriétaires, qu'ils ne devaient pas de fermages, qu'ils ne devaient plus reconnaître et exécuter les clauses des contrats passés librement avec notre Société, qu'ils ne devaient plus nous obéir..... Où voit-on pourtant des gens loués, engagés par contrats, ne pas obéir à ceux qui les louent ? Et maintenant ils s'aperçoivent qu'ils ont été trompés, que rien de cela n'est vrai ; qu'ils ont eu tort de croire à ces belles paroles et regrettent ce qu'ils ont fait ; mais il est trop tard et ils partent !

Nous cherchons, par tous les moyens possibles, un Annamite intelligent à mettre à la tête de la propriété, qui puisse nous aider à appeler une nouvelle population ; mais ce n'est pas facile à trouver, et, comme nous n'avons plus, avant les travaux de culture, qu'un mois, cette année est certainement perdue. Pendant au moins deux ans nous allons être arrêtés !

Cette année, naturellement, pas un grain de paddy n'est entré dans la maison.

Voilà maintenant tous les villages abandonnés, et, bien que l'île s'appelle *Ile des Cinq-Villages*, il n'en reste pas un de constitué. Nous voudrions savoir si, à mesure que nous rappellerons une population, on rétablira les villages ; si nous aurons encore à traiter avec cinq maires et quarante notables, ou si, de même, qu'il n'y aura qu'une propriété, il n'y aura, dans l'avenir, qu'un seul village, soumis à l'Administration pour les choses administratives et qu'on nous laissera diriger paisiblement au point de vue de la culture. Les anciens villages ne possédant pas de communaux et faisant partie d'une même propriété, ne paraissent devoir former qu'un seul groupe. Aujourd'hui ces villages sont déserts, la population laborieuse est en fuite... elle a abandonné la propriété en masse, avant-hier, pendant la nuit, emportant maisons, buffles... il ne reste aujourd'hui que les maraudeurs qui terminent le déménagement.

Il nous sera bien difficile de réorganiser la propriété et, malgré tout l'esprit de prudence et de conciliation que nous apportons. nous craignons de n'y pas parvenir avant longtemps.

Nous avons cru de notre devoir, Monsieur le gouverneur, de porter ces faits à votre connaissance.

Nous avons l'honneur d'être, Monsieur, etc.

TAILLEFER et Cie.

Encore un mot, Messieurs, en terminant :

Si, de cet exposé fidèle, vous concluez avec nous que nous avons fait tous nos efforts pour éviter une catastrophe, pour arrêter l'Administration dans la voie déplorable où elle s'est engagée pour ruiner notre Société et l'empêcher de poursuivre son œuvre en Cochinchine, vous penserez avec nous que nous ne devons reculer devant aucun moyen, devant aucun effort, pour obtenir la réparation du tort immense qu'on nous a causé.

Après une assez longue hésitation, M. le gouverneur actuel de la colonie s'est refusé à arbitrer; nous préférons également qu'un tribunal impartial décide. Reste à savoir si notre affaire sera portée devant le conseil privé de la colonie. Je ne prendrai pas la peine de vous expliquer comment ce conseil est composé, puisque même les deux notables Européens qui en font partie pour représenter l'élément civil, n'ont pu être élus ni membres du conseil municipal de Saïgon, ni juges au tribunal de commerce, ni membres de la chambre de commerce. Nous avons donc peu à espérer de la juridiction du conseil privé. Mais après que ce tribunal administratif aura prononcé, s'il ne nous donne pas satisfaction, nous pourrons poursuivre, par d'autres voies, le redressement des abus dont nous avons été victimes, et l'abolition de l'article 75 de la Constitution de l'an VIII, nous permettra de faire remonter sur qui de droit la responsabilité des mesures illégales que nous venons de vous exposer.